激励企业技术创新的财税政策效应研究

徐建斌　彭瑞娟　著

中国财经出版传媒集团
中国财政经济出版社

图书在版编目（CIP）数据

激励企业技术创新的财税政策效应研究／徐建斌，彭瑞娟著．--北京：中国财政经济出版社，2022.6
ISBN 978-7-5223-1358-0

Ⅰ．①激…　Ⅱ．①徐…　②彭…　Ⅲ．①企业创新－财政政策－研究－中国　②企业创新－税收政策－研究－中国
Ⅳ．①F273.1　②F812.0　③F812.422

中国版本图书馆 CIP 数据核字（2022）第 067111 号

责任编辑：高文欣　　　　责任印制：史大鹏
封面设计：卜建辰　　　　责任校对：张　凡

激励企业技术创新的财税政策效应研究
JILI QIYE JISHU CHUANGXIN DE CAISHUI ZHENGCE XIAOYING YANJIU

中国财政经济出版社 出版
URL：http：//www.cfeph.cn
E－mail：cfeph@cfeph.cn

社址：北京市海淀区阜成路甲 28 号　邮政编码：100142
营销中心电话：010－88191522
天猫网店：中国财政经济出版社旗舰店
网址：https：//zgczjjcbs.tmall.com
北京财经印刷厂印刷　各地新华书店经销
成品尺寸：147mm×210mm　32 开　8 印张　187 000 字
2022 年 6 月第 1 版　2022 年 6 月北京第 1 次印刷
定价：68.00 元
ISBN 978－7－5223－1358－0
（图书出现印装问题，本社负责调换，电话：010－88190548）
本社质量投诉电话：010－88190744
打击盗版举报热线：010－88191661　QQ：2242791300

献给我们的孩子乐乐

祝他一生平安喜乐

前　言

“十四五”规划明确提出，坚持创新在我国现代化建设全局中的核心地位，不断提升企业技术创新能力。然而，技术创新所具有的公共品属性及信息不对称导致的融资约束问题，意味着企业技术创新离不开政府的大力支持。作为国家治理的基础和重要支柱，财政分别从供给端与需求端，对企业技术创新产生重要影响。遗憾的是，既有相关研究结论与政策建议不一，系统性也有待提升。本书在分析政府支持企业技术创新发展的理论基础和政策实践基础上，针对既有相关研究的争议性，利用微观的调查数据与规范的计量方法，分别从政府补贴、政府采购、税收优惠与税收营商环境等维度，从供需两端系统考察财税激励政策对企业技术创新的影响效应。

本书的主要研究发现包括：（1）创新补贴与非创新补贴均对企业研发投入产生了显著的促进作用，但创新补贴的影响效应明显大于非创新补贴；创新补贴对企业研发产出的影响显著为正，但非创新补贴对企业研发产出的影响不显著。（2）政府采购对我国企业技术创新具有显著的正向影响，且该激励效应主要体现在民营企业、中小企业和低技术行业企业中。（3）税收优惠显著促进了企业的研发投入，但并未显著影响企业的研发产出。进一步地研究发现，税收优惠对成长与成熟期企业的研发投入产生了显著的促进作用；税收优惠仅对中低技术企业与大型企业的研发投入产生了显著的促进作用，而对高技术企业与中小企业的研发投入的影响并未通过显著性检验。（4）企业主观评价的税率水平对其技术创新产生了显著负向影响，而企业主观评价的税收管理水平对其技术创新产生了显著的正向影响；与税率水平相比，税收管理在促进企业技术创新过程中产生了更为显著、更大的效应。进一步地，税收营商环境对技术创新的影响效应主要体现在中小企业与新成立企业中。

在我国转入高质量发展阶段、开启全面建设社会主义现代化国家新征程的背景下，本书的出版能够为进一步优化和调整激励企业技术创新发展的财税政策、进一步推动创新驱动发展战略实施与建设科技强国提供理论参考与经验证据。

目　录

第一章 绪　　论

第一节 研究背景与意义

自改革开放以来，中国保持了40多年的高速增长，被誉为世界经济增长奇迹。但与此同时，传统人口红利消退、资本回报率整体下降、金融风险累积、资源和环境约束加剧、居民收入分配差距扩大等问题也变得日趋严重（杨耀武、张平，2021），主要依靠大规模要素动员的外延式增长模式已经难以持续。图1－1显

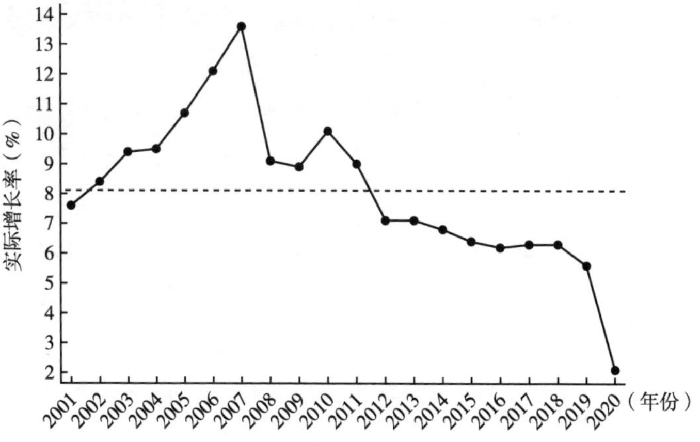

图1－1　中国人均GDP同比实际增长率

资料来源：作者根据国家统计局公布的数据绘制而成。

示，自 2012 年以来，我国经济由高速增长阶段步入中低速增长阶段，经济发展进入新常态。展望未来，必须依靠创新驱动打造发展新引擎，培育新的经济增长点，持续提升我国经济发展的质量和效益，开辟我国发展的新空间，实现经济保持中高速增长和产业迈向中高端水平“双目标”。

在此背景下，以习近平同志为核心的党中央坚持以问题为导向，立足全局、面向全球，高度重视科技创新，并将创新摆在国家发展全局的核心位置。党的十八大提出实施创新驱动发展战略，强调科技创新是提高社会生产力和综合国力的战略支撑，必须摆在国家发展全局的核心位置。党的十九大报告则进一步明确指出，创新是引领发展的第一动力，是建设现代化经济体系的战略支撑。2021 年 3 月发布的国家“十四五”规划指出，我国的创新能力还不适应高质量发展要求，因此，要坚持创新在我国现代化建设全局中的核心地位，把科技自立自强作为国家发展的战略支撑，面向世界科技前沿、面向经济主战场、面向国家重大需求、面向人民生命健康，深入实施科教兴国战略、人才强国战略、创新驱动发展战略，完善国家创新体系，加快建设科技强国。由此可见，创新发展是建设社会主义现代化国家的必由之路。

不可否认，改革开放以来，尤其是党的十八大以来，我国的科技创新取得了相当不错的成绩。无论是创新投入指标，还是创新产出指标，均显示了我国创新水平与创新能力的快速提升。

从创新投入维度来看，我国创新水平提升迅速。图 1－2 显示，我国研究与试验发展人员全时当量从 2001 年的 95.65 万人年迅速提升至 2020 年的 509.19 万人年，20 年增长约 5.3 倍。在此期间的研究与试验发展经费支出由 2001 年的 1042 亿元增长至 2020 年的 24426 亿元，增长了约 23.44 倍。相应地，研究与试验发展经费支出占 GDP 的比重也由 2001 年的 0.94% 迅速提升至 2020 年的 2.4%。

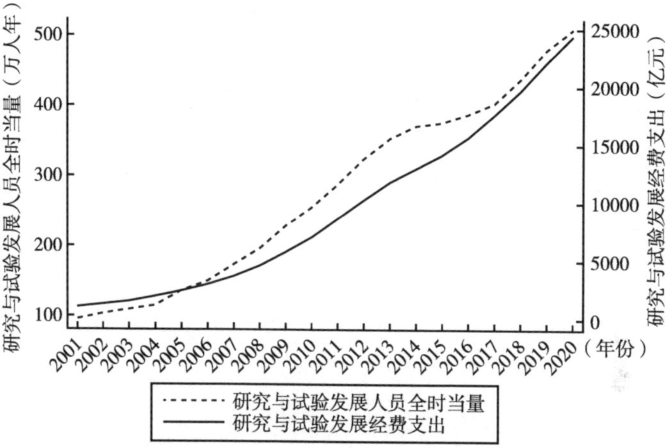

图 1－2　中国历年的研究与试验发展人员与经费支出情况

资料来源：作者根据国家统计局公布的数据绘制而成。

从创新产出维度来看，我国专利申请的数量和质量同样令人印象深刻。图 1－3 显示，近 20 年来，我国创新发展水平的提升不仅体现为专利数量的爆炸式增长，而且体现为专利质量的稳步

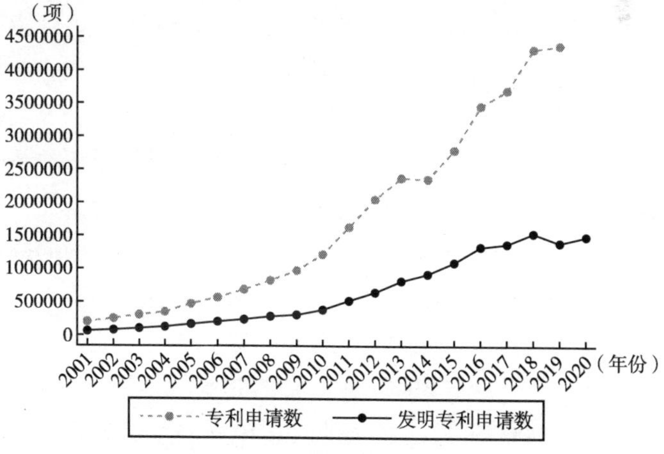

图 1－3　中国历年的专利申请与发明专利申请数量情况

资料来源：作者根据国家统计局公布的数据绘制而成。

提升。具体而言，专利申请数量由 2001 年的 20 万项左右猛增至 2019 年的 438 万项，在 20 年间增长了 20 余倍。衡量创新质量的发明专利申请数量同样获得了较快增长，由 2001 年的 6.3 万项增长至 2020 年的 150 万项，年平均增长率为 7.18%。

然而，我们在看到骄人成绩的同时，也要清醒地认识到，与世界科技强国相比，我国的创新水平与创新能力，尤其是突破式的原始创新能力，还存在明显的不足。与美国、德国和日本等世界科技强国相比，我国的科技创新能力尚存明显不足，例如，在自然科学领域鲜有诺贝尔获得者。正如习总书记反复强调的，关键核心技术是要不来、买不来、讨不来的，只有把关键核心技术掌握在自己手中，才能从根本上保障国家经济安全、国防安全和其他安全。展望未来，我们必须始终坚持创新在我国现代化建设全局中的核心地位，坚定不移地走创新驱动发展道路。

企业是技术创新决策、研发投入、科研组织、成果转化的核心主体（冯根福等，2021；黎文靖、郑曼妮，2016）。因此，快速提升企业的技术创新能力，对于加快建设科技强国，实现党的十九届五中全会提出的“十四五”规划和 2035 年远景目标至关重要。然而，技术创新的外溢性及融资不足问题将导致企业研发投入的不足。一方面，技术创新的外溢性特征意味着企业创新的私人收益小于社会收益，进而导致技术创新领域的市场失灵现象产生；另一方面，由于创新思想容易遭到模仿，因此企业不愿意将其披露给市场。而披露不足会进一步导致融资不足的问题。可见，政府支持企业技术创新具有理论上的合意性。事实上，纵观世界，无论是发达国家，还是发展中国家，均对企业技术创新采取了一系列支持政策（Bloom et al.，2019）。例如，美国的《先进制造业国家战略计划》、德国的《2020 高技术战略》以及中国的《中国制造 2025》等，均包含了一系列支持企业技术创新发展的扶持政策。

作为宏观调控的主要手段，财税政策在中国扮演着十分重要的角色，也是激励企业技术创新发展的主要工具。首先，财政收入与财政支出的规模十分庞大，例如，2020 年，我国财政收入与财政支出规模分别高达 18.3 万亿元和 24.6 万亿元。其次，财政收支占 GDP 的比重不低。图 1－4 显示，我国财政收入占 GDP 的比重平均为 20%，[①] 而财政支出占 GDP 比重平均为 22%。规模庞大的财税收入为政府补贴、政府采购、税收优惠等创新激励政策的实施提供了物质基础，也使得财税激励政策成为政府支持企业技术创新发展的主要政策工具。

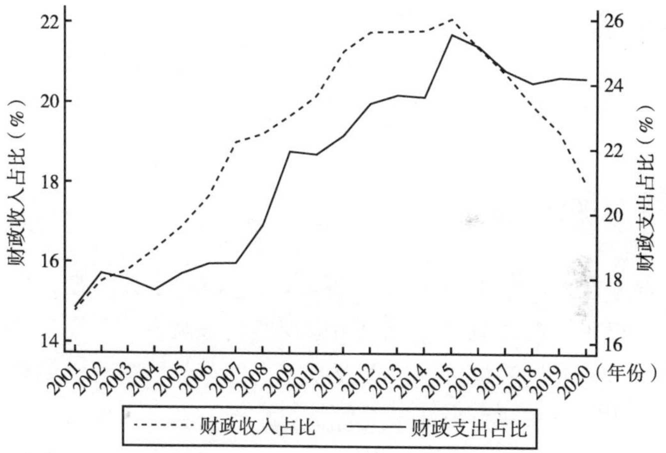

图 1－4 中国历年的财政收支占 GDP 的比重情况

资料来源：作者根据国家统计局公布的数据绘制而成。

鉴于财税激励政策在企业技术创新发展中的重要作用，学者们对财税激励政策的创新效应展开了丰富的研究与讨论，也得出了诸多富有价值的研究结论。但遗憾的是，基于不同的研究视

① 近年来，在大规模减税降费政策的推动下，我国财政收入占 GDP 的比重有所下降。

角、研究数据与研究方法，学者们关于财税激励政策的创新效应尚存较大分歧，争议持续存在。这不仅不利于我们从理论上科学认识财税激励政策对企业技术创新的影响效应；而且对相关政策的进一步优化与调整带来困扰。基于此，本书以制造业企业这一创新主体为研究对象，分别从供给层面的政府补贴与税收优惠，需求层面的政府采购与税收营商环境等视角，系统分析财税政策激励企业技术创新的理论基础、政策实践与影响效应，以期能够在一定程度上澄清相关研究结论的争议性，为进一步优化和调整财税激励政策，提升企业技术创新水平，深入实施创新驱动发展战略，加快建设科技强国提供理论参考与经验证据。

第二节　研究思路与主要内容

一、研究思路

本书按照“提出问题—分析问题—解决问题”的步骤进行研究。第一，阐述研究主题的相关现实背景及研究意义，即阐述企业技术创新发展的重要意义及政府支持创新发展的必要性。第二，从理论上厘清财税政策支持企业技术创新的内在逻辑，并对国内外相关研究进行系统梳理，以期对相关研究进展概况有一个整体把握，并为后文的实证分析奠定理论基础。第三，对我国政府自 1978 年以来关于创新发展的理论进行梳理与总结，并在此基础上，通过手工收集与整理相关政策法规文件，系统梳理支持企业技术创新发展的财税政策实践。第四，基于微观调查数据，分别从政府补贴、政府采购、税收优惠与税收营商环境等四个维度，实证考察财税激励政策对企业技术创新的影响效应及作用机制。第五，对全书进行总结，并结合理论与实证分析结论，提出具体的对策建议。

具体研究思路与内容框架如图1-5所示。

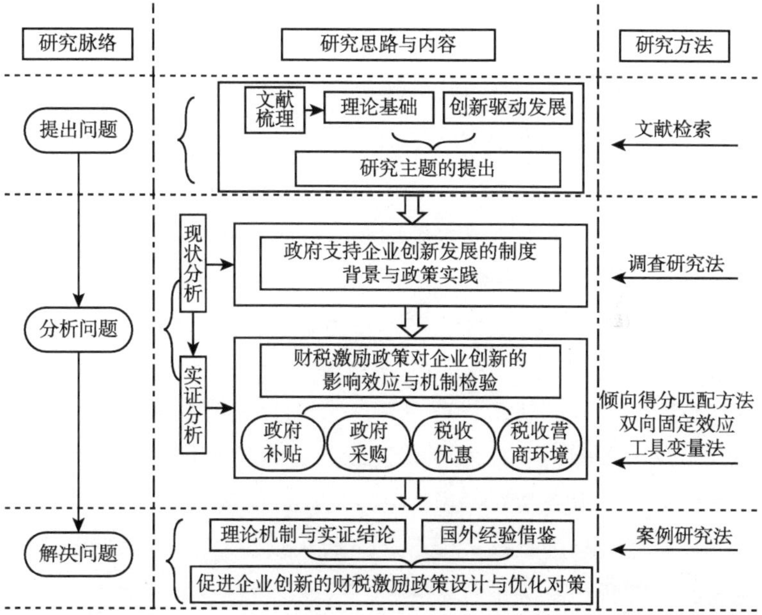

图1-5 研究思路与内容框架

二、主要研究内容

本书采取理论分析与实证分析相结合的方法，系统研究财税激励政策对企业技术创新的影响效应，共计分为九章。其中，第一章为绪论部分，第二章为理论基础与文献综述部分，第三章为相关制度背景与政策实践部分，第四章至第七章为实证分析部分，第八章为国际经验借鉴部分，第九章为研究结论与政策建议部分。具体而言，各章的主要内容如下：

绪论。本章主要介绍了相关研究背景、研究思路及主要内容、研究方法与研究数据以及可能的创新点等内容。

理论基础与文献综述。本章主要从理论上回答“企业技术创新为什么需要政府的财税支持”这一问题，相关理论基础主要包括熊彼特增长理论、外部性理论、信息不对称理论等。在此基础上，本章分别从政府补贴、政府采购、税收优惠等不同维度，对国内外相关文献进行系统梳理。在文献梳理的基础上，指出既有相关研究的不足之处以及尚需进一步深化研究的方向与内容。

制度背景与激励企业技术创新的财税政策实践。本章主要对我国政府自 1978 年以来关于创新发展的理论进行梳理与总结，并将我国 40 年创新发展理论大体分为“科学技术是第一生产力”、“科教兴国”战略、“自主创新”战略、“创新驱动发展”战略等四个阶段。然后，通过手工收集与整理相关政策法规文件，对我国支持企业技术创新发展的财税政策实践展开系统梳理，并将其分为普惠性优惠政策与选择性优惠政策。

政府补贴与企业技术创新。本章从政府补贴的异质性视角，通过区分创新补贴与非创新补贴，从理论与实证两个维度，对政府补贴异质性及其非对称创新效应展开分析。理论分析表明，通过资源属性与信号传递机制，创新补贴与非创新补贴均对企业研发投入产生促进作用，但创新补贴的影响效应更大；通过明确的目标导向、规范的项目管理与公平公正的项目申请等机制，创新补贴对企业研发产出具有促进作用，但非创新补贴的管理较为随意，且受政治关联的显著影响，因而并不能对企业研发产出产生促进作用。基于我国制造业上市公司 2012～2020 年的非平衡面板数据，实证结果表明，创新补贴与非创新补贴均对企业研发投入产生了显著的促进作用，但创新补贴的影响效应明显大于非创新补贴；创新补贴对企业研发产出的影响显著为正，但非创新补贴对企业研发产出的影响不显著。

政府采购与企业技术创新。本章首次采用世界银行企业调查数据，并充分考虑我国政府采购政策中可能存在的选择性问题，采用 PSM 方法，科学识别和评估政府采购对我国企业技术创新的激励效应，研究发现，政府采购对我国企业技术创新具有显著的正向影响。进一步地，从所有权性质、企业规模与行业等不同维度，探讨了政府采购影响企业技术创新的异质性，实证结果表明，政府采购对企业技术创新的激励效应主要体现在民营企业、中小企业和低技术行业企业中。

税收优惠与企业技术创新。本章以制造企业为研究对象，采用双向固定效应模型，实证考察税收优惠对企业研发投入和研发产出的影响效应。实证研究结果显示，税收优惠显著促进了企业的研发投入，但并未显著影响企业的研发产出。分别从纵向的生命周期与横向的企业性质、行业、规模等视角，本章进一步开展了异质性分析。研究发现，税收优惠对企业研发投入的影响效应在不同生命周期、技术水平和规模水平的企业中表现出明显的异质性。具体而言，税收优惠对成长与成熟期企业的研发投入产生了显著的促进作用，但对衰退期企业的研发投入影响为负且不显著。税收优惠对国有与非国有企业的研发投入均产生了显著的促进效应；税收优惠仅对中低技术企业与大型企业的研发投入产生了显著的促进作用，而对高技术企业与中小企业的研发投入的影响并未通过显著性检验。

税收营商环境与企业技术创新。本章利用世界银行对中国制造业企业的调查数据，实证分析了税收营商环境对企业技术创新的影响。研究发现，税收营商环境对企业技术创新具有显著的影响效应。具体而言，企业主观评价的税率水平对其技术创新产生了显著负向影响，而企业主观评价的税收管理水平对其技术创新产生了显著的正向影响；与税率水平相比，税收管理在促进企业技术创新过程中产生了更为显著、更大的效应。进一步的异质性分析结果表明，税收营商环境对技术创新的影响效应主要体现在中小企业与新成立企业中。

国际经验借鉴。本章选取美国、德国与日本等三个典型科技强国作为国际经验借鉴的研究对象，重点介绍了美国创新生态系统的构建及其政府角色、德国的研发资助体系以及日本的人力资本提升与政府信息发布者角色等主要内容。

研究结论与政策建议。本章进行了总结，并在此基础上，分别从政府补贴、政府采购、税收优惠与税收营商环境等维度，提出针对性的政策建议。

第三节　研究方法与数据来源

一、研究方法

本书综合采用定性和定量研究方法，具体包括调查研究法、案例研究法、倾向得分匹配法、双向固定效应模型、工具变量法等五种方法。

（一）调查研究法

调查研究是社会科学研究中普遍采用的一种研究方法。它指的是采用问卷或者结构式访问的方法，系统地、直接地从一个取自总体的样本中收集量化资料，并通过对这些资料的统计分析来认识社会现象和社会规律的一种研究方式。为全面梳理和深刻认识我国支持企业创新发展的财税政策实践，笔者及相关研究团队每年都会利用暑假的时间，联合江西省税务部门，采取问卷调查、深度访谈等方法，对相关企业进行调查研究。本书的制度背景与政策实践部分内容以及政策建议等相关内容，均与调查研究方法密切相关。

（二）案例研究法

案例研究是社会科学研究中采用最广泛的定性方法之一。一般认为，案例研究法是由美国哈佛大学率先提出来的。它指的是运用多种收集数据和资料的技术与手段，通过对特定社会单元（个人、团体组织、社区等）中发生的重要事件或行为的背景、过程的深入挖掘和细致描述，呈现事物的真实面貌和丰富背景，从而在此基础上进行分析、解释、判断、评价或者预测。案例研究法可以进一步划分为探索性案例研究、描述性案例研究与解释性案例研究等三种类型。为深入分析发达国家支持企业技术创新发展的财税政策措施与相关经验，囿于时间精力等，本书采取案例研究方法，选取美国、德国与日本等少数典型国家，梳理它们在支持企业技术创新发展过程中的主要财税政策措施。

（三）倾向得分匹配法

为处理样本选择产生的内生性问题，国内外学者通常采用倾向得分匹配（Propensity Score Matching，简称 PSM）方法进行估计，以科学识别政策的因果效应。PSM 是由 Rosenbaum & Rubin（1983）首次提出的，其基本原理为：在评估某项政策效果时，通过在控制组中寻找与处理组特征相似的个体与其匹配，利用控制组个体的结果来估计处理组个体的反事实结果，从而有效降低样本选择偏误。它一般由四个基本的步骤组成：定义相似性、实施匹配、评价匹配样本的匹配效果、估计因果效应。本书在实证分析政府采购对企业技术创新的影响效应时，采用了倾向得分匹配法，以有效降低样本选择偏误导致的结果偏差问题。

（四）双向固定效应模型

固定效应模型分析法广泛用于面板数据中。双向固定效应模型指的是在个体固定效应模型的基础上，进一步考虑时间效应。即同时控制不随时间变化的不可观测的混杂因素，与时间维度上不随个体变化的共同冲击，例如宏观经济形势等。双向固定效应模型的基本形式如式（1.1）所示：

$$Y_{it} = \beta_0 + \beta_1 X_{it} + \sum C_{it} + \varphi_i + \pi_t + \varepsilon_{it} \tag{1.1}$$

其中，Y_{it}为被解释变量，X_{it}为解释变量，C 为控制变量矩阵，φ_i 为个体固定效应，π_t 为时间固定效应，ε_{it}是随机干扰项。

当研究数据为面板数据时，采用双向固定效应模型进行估计，以同时控制非时变的个体效应与不随个体变化的共同冲击。

（五）工具变量法

工具变量法是解决内生性问题的一种经典方法，也是基于调查数据进行因果推断的主流方法之一。工具变量法的基本原理为：利用模型之外的外生差异进行无偏估计，即为内生变量寻找一个工具变量。该工具变量需要满足两个基本条件：第一，相关性，即工具变量必须与内生变量相关；第二，外生性，即工具变量只能通过内生变量影响被解释变量。较为常见的工具变量估算方法为两阶段最小二乘法，即 2SLS。在实证分析过程中，当面临双向因果导致的内生性问题时，采用工具变量法加以估计，以保证基本研究结论的可靠性。

二、研究数据来源

本书的研究数据包括宏观数据与微观数据。宏观数据主要来源于国家统计局官网，微观数据主要来源于国泰安 CSMAR 数据库与世界银行的企业调查数据。具体数据说明详见实证分析章节。

第四节　研究的可能创新点

本书在充分借鉴国内外相关研究的基础上，分别从政府补贴、政府采购、税收优惠与税收营商环境等维度，系统考察财税激励政策对企业技术创新的影响效应。可能的创新点如下：

（1）在政府补贴与企业技术创新关系方面，国内的绝大多数文献并未考虑政府补贴的异质性，而是简单将企业创新对政府补贴总额进行回归分析。有鉴于此，本书区分创新补贴与非创新补贴，并考察它们对研发投入与研发产出的非对称效应。边际贡献主要体现为三个方面：一是从理论上厘清政府补贴异质性对企业技术创新的非对称影响机制；二是区分创新补贴与非创新补贴，并分别实证分析它们对企业研发投入和研发产出的非对称效应；三是以制造业企业为研究对象，并充分考虑研究数据的可比性问题，最终选择2012～2020年的制造业上市公司数据，从而有助于厘清研究对象与研究数据导致的研究结论差异性。

（2）在政府采购与企业技术创新关系方面，理论探讨居多，实证分析相对有限。此外，相关实证研究大多采用省级面板数据，从宏观层面分析政府采购对技术创新的影响，而且相关研究结论存在明显争议。有鉴于此，本书基于微观企业调查数据，实证考察政府采购对企业技术创新的影响效应。可能的边际贡献如下：第一，在研究样本方面，首次采用世界银行企业调查数据分析政府采购对企业技术创新的影响，该调查数据囊括了大、中、小各类企业，代表性强，权威性高；第二，在研究内容方面，对政府采购影响企业技术创新的机制进行了全面阐述，并从所有权性质、企业规模、行业等不同维度，阐述了政府采购影响企业技术创新的异质性；第三，在研究方法方面，充分考虑我国政府采购过程中的“扶大限小”特征，采用克服样本自选择问题的PSM方法，科学识别和评估政府采购政策的技术创新绩效。

（3）在税收优惠与企业技术创新方面，国内外学者展开了十分丰富的研究，但研究结论不一，这不仅不利于我们正确认识税收优惠在企业技术创新发展中的具体作用，而且给政策的进一步优化与调整带来困扰。有鉴于此，本书基于制造企业数据，采用双向固定效应模型，实证考察税收优惠对企业技术创新的影响效应及其异质性。可能的边际贡献体现为三个方面：第一，在研究样本与研究方法方面，以制造企业这一创新主体为研究对象，而且充分考虑2012年前制造企业研发数据的“披露不完全”现象。此外，充分考虑双向因果导致的内生性问题，以科学识别因果关系；第二，在研究内容方面，分别从研发投入和研发产出两个维度，全面测度企业技术创新。此外，分别从纵向的企业生命周期与横向的企业性质、规模与技术水平等维度，全面分析异质效应。总之，研究视角与研究内容具有综合性；第三，在变量测度方面，区别于固定资产折旧、研发费用加计扣除等具体的税收优惠政策，以法定税率与实际税率之差测度税收优惠，能够综合体现税率、税基与税额等优惠形式，指标测度更具综合性。

（4）在税收营商环境与企业技术创新方面，现有研究主要从理论上探讨了税收营商环境的问题与对策，关于税收营商环境的定量分析十分匮乏。此外，在少量的关于营商环境的创新效应研究中，缺乏税收营商环境的专门研究。有鉴于此，为了补充与发展现有的相关研究，本书利用世界银行对中国企业的微观调查数据，实证考察税收营商环境对企业技术创新的影响效应及异质性。

第二章 理论基础与文献综述

创新为什么需要政府的支持？政府财税政策激励企业技术创新了吗？围绕这两个基本问题，本章节首先从理论上阐述财税支持企业技术创新的内在逻辑，然后对国内外相关研究进行系统梳理，以期对相关研究进展概况有一个整体把握。

第一节 财税政策支持企业技术创新的理论基础

最早提出创新思想的当属马克思（欧阳峣、汤凌霄，2017）。马克思首次将科学技术纳入生产力范畴，并明确指出，生产力中也包括科学。但第一个系统提出创新概念的是熊彼特，在其巨著《经济发展理论》中，[①] 他将创新定义为“建立一种新的生产函数”，也就是说，是一种从来没有过的关于生产要素和生产条件的“新组合”，这种新组合主要包括：（1）采用一种新的产品；（2）采用一种新的生产方法；（3）开辟一个新的市场；（4）控制一种新的供应来源；（5）实现一种工业的新组织（熊彼特，2014）。进一步地，熊彼特（2014）还特别指出，把新组合的实

① 该巨著1912年德文版问世，1934年英文版问世。

现称为“企业”，而把职能是实现新组合的人们称为“企业家”。创新的本质是知识生产，它是具有经济价值的，但它有三个主要特征：不可分割性（indivisibilities）、非独占性（inappropriability）、不确定性（uncertainty）（Arrow，1962）。

市场失灵是政府进行干预的主要理论基础，而外部性和不完全信息是导致市场失灵的两个主要因素（萨缪尔森、诺德豪斯，2008）。因此，在界定完创新概念和特征之后，本章将在介绍熊彼特增长理论的基础上，分别从外部性理论和信息不对称理论这两个经典理论入手，阐述财税支持企业技术创新的理论基础。然后分别对政府支持基础研究、发明专利、R&D 投资等展开理论分析。

一、熊彼特增长理论

熊彼特增长理论属于新增长理论的一个分支，强调创新思想与知识积累在技术进步与经济发展中的决定性作用。Aghion et al.（2014）认为，符合以下两个突出特点的增长理论可以称之为熊彼特增长理论：（1）经济增长是由创新来决定的；（2）企业研发和创新是为了获取垄断利润；（3）新技术能够替代旧技术，即经济增长是一个创造性破坏的过程。不难看出，上述增长理论与熊彼特（1942）关于创新驱动经济增长的相关论述高度一致，因而学者们将其定义为熊彼特增长理论。在该理论的形成与发展过程中，Segerstrom et al.（1990）、Romer（1990）、Grossman and Helpman（1991a）、Aghion and Howitt（1992）等学者做出了非常重要的贡献。

与新古典增长理论、AK 理论等相比，熊彼特增长理论的特征主要体现为以下几个方面：（1）在经济增长的源泉方面，该理论强调了内生研发导致的技术创新和知识积累的重要作用，并认为它们是技术进步和经济增长的决定性因素；（2）在关于市场假设方面，该理论突破了完全竞争市场的经典假定，而是假定垄断的存在，并认为企业创新的目的就是追逐垄断利润；（3）在关于增长的可持续方面，该理论认为，不同于资本，知识具有非竞争性，因此，即使经济中的劳动、资本等资源是有限的，但仍然可以通过知识的积累而实现经济的持续增长。

综上所述，熊彼特增长理论强调了技术创新和知识积累在经济发展中的决定性作用，因而成为创新经济学的重要理论基础，也是我国创新驱动发展战略实施的重要依据。

二、外部性理论

外部性也称溢出效应，指的是企业或个人向市场之外的其他个人所强加的成本或效益（萨缪尔森、诺德豪斯，2008）。它可以分为正外部性和负外部性，但它们都会对企业的生产行为产生扭曲效应。理论上，商品的最优生产数量应当为社会福利最大化的数量。然而，当某一商品的社会边际收益超过个人的边际收益时，即存在正外部性，商品的生产将出现投入不足现象。

在技术创新领域，私人企业对基础研究的投入缺乏激励，主要原因在于：其一，企业经营所涉及的领域往往是比较狭小的，而基础研究所辐射的领域往往是宽泛的。因此，企业难以独自享有基础研究所带来的所有收益，即社会收益远大于私人收益；其二，基础研究领域的重大突破通常并不能直接、立刻地转化为专利。因此，企业难以通过申请专利权的方式享有基础研究的全部经济价值（Nelson，1959）。此外，由于发明专利等创新产品本质上是一种知识生产，故而，发明等创新活动之间是相互依赖的，即发明信息不仅是创新活动的产出，而且也是创新活动的投入，先前的信息（previous information）在新信息的创造过程中扮演着积极的作用（Arrow，1962）。那么，从社会福利最大化角度而言，信息应该在全社会范围内免费获取。然而，这一愿望与企业参与创新投资的激励相矛盾，进而导致创新投入不足现象的产生。因此，在追逐利润最大化的市场环境中，如果没有政府的干预，由于外部性的广泛存在，技术创新将出现生产不足，社会福利将蒙受损失，即出现所谓的市场失灵现象。

三、信息不对称理论

信息不对称理论是信息经济学中最重要的理论之一，指的是在市场经济活动中，有关信息在交易双方之间的分布是不对称的。因此，信息比较充分的人员，往往处于比较有利的地位，而信息贫乏的人员，则处于比较不利的地位。一般认为，信息不对称理论是由斯蒂格利茨、阿克尔洛夫和斯彭斯等三位美国经济学家提出的。[①] 信息不对称会产生逆向选择和道德风险问题，从而扭曲激励机制。

研发投入，即 R&D 投入，对创新能力具有决定性的影响。但由于信息不对称的存在，将导致 R&D 投入出现逆向选择与道德风险问题。（1）逆向选择问题。与包括潜在投资者在内的其他人相比，发明者对发明创造的成功概率拥有更多的信息。但是，由于信息不对称，潜在投资者为规避风险损失不愿意加大对 R&D 的投入，从而出现所谓的“柠檬市场”。此外，通过“充分的信息披露以便有效缓解和解决信息不对称问题”这一传统方式在技术创新领域也受到极大限制，原因在于，发明思想（inventive idea）极易遭到模仿。因此，企业是不愿意将创新性的思想披露给市场的，特别是它们潜在的竞争者（Bhattacharya

① 凭借在信息经济学方面的突出贡献，三人一起荣获了 2001 年诺贝尔经济学奖。

& Ritter，1983）。综上所述，由于信息不对称的存在以及缓解信息不对称的高昂代价，企业 R&D 投入将出现激励不足现象；（2）道德风险问题。现代企业的所有权和管理权一般是分离的，当二者的目标不一致时，经典的委托代理问题将出现，这会对企业的投资决策产生重要影响。一般而言，管理者通常热衷于在职消费，而不愿意投资于不确定性较大的 R&D 活动（Hall & Lerner，2010）。因此，道德风险问题也将导致现代企业 R&D 投入不足现象的产生。

四、政府支持基础研究的理论分析

科学对技术的创新与发展至关重要。充足的基础研究将显著提升经济体的发明与创造能力，是推动技术进步与产业创新的主要力量之一（Geroski，1990；Mansfield，1991；Pavitt，1991）。具体而言，基础研究越丰富，从事发明的预期成本就越低（Nelson，1959），原因在于，相关领域的知识越丰富，发明者就越有可能找到正确的发明路径。

那么，为什么基础研究需要政府支持呢？Nelson（1959）基于外部性理论，对于这一问题展开了详细的经济学分析。他研究认为，理论上，基础研究的最优资源配置数量应该为最大化社会福利的数量。然而，当商品的社会边际收益超过商品的个体边际收益时，最大化私人利润的资源配置数量将显著低于社会最优的数量。在基础研究领域，两个方面的原因将导致企业对基础研究的投入不足：其一，企业经营所涉及的领域往往是比较狭窄的，而基础研究所辐射的领域往往是十分宽泛的，因此，企业难以享有基础研究所带来的所有收益；其二，基础研究领域的重大突破通常难以直接且迅速地转化为专利，因此，企业难以通过申请专利权的方式享有基础研究的全部经济价值。此外，另外两个因素也会直接影响部分企业参与基础研究的积极性：第一，从基础研究的投入到市场价值的创造，需要很长一段时间，这种长期性将致使部分关注短期生存（short - run survival）的企业对基础研究缺乏兴趣；第二，基础研究的高风险性将导致那些风险厌恶型（short - run survival）的企业不愿参与基础研究工程。因此，以利润最大化为目标的企业将缺乏足够的激励参与基础研究。换言之，基础研究将出现投入不足的情形。此时，为填补基础研究领域的投入不足，需要政府予以财政支持。

五、政府支持发明专利的理论分析

作为技术创新的主要衡量指标之一，发明专利为什么需要政府的支持呢？对这一问题的回答，最为经典的研究当属 Arrow（1962）的《经济福利与发明的资源配置》文章。他分析认为，在完全竞争环境下，导致最优资源配置失灵的三个经典原因为：不可分割性（indivisibilities）、非独占性（inappropriability）、不确定性（uncertainty）。Arrow 首先将发明定义为知识或者信息的生产，而作为一种商品，信息具有如下两个特点：第一，传递信息的成本十分低廉。因此，社会最优配置原则将要求信息无条件地免费发布；第二，信息是一种不可分割的商品。因此，如果要实现信息的最优配置，那么信息的所有者将无法获取其经济价值；此外，他认为，通过一些法律措施，信息可以成为一种独占性的商品。然而，由于信息是无形的（intangible），因此法律层面的产权保护是有限的。更为重要的是，发明活动之间是相互依赖的，信息不仅是创新活动的产出，而且也是创新活动的投入，先前的信息（previous information）在新信息的创造过程中扮演着积极作用，因此，独占信息变得更加困难。事实上，专利法对独占信息的范围进行着严格限制；发明和研究的过程事实上是致力于信息生产的过程。因此，发明一定是有风险的过程（risky process）。综上所述，由于发明活动具有不可分割性、非独占性与不确定性特征，因此，以知识或者信息生产为内容的发明专利将出现市场配置失灵的现象，从而需要政府的激励与扶持。

此外，Usher（1964）也对发明活动展开了理论分析。他研究认为，与其他投资不同，知识一旦获取，就不会用光、用尽。换言之，使用现有知识不存在任何替代成本（alternative cost）。因此，社会资源最优配置原则下的知识价格应为零，但这也同时意味着，知识的所有者将得不到任何补偿。为了实现整个社会福利的最大化，政府应当对发明创造给予大力支持。

六、政府支持 R&D 投资的理论分析

R&D 投资对技术创新具有决定性的影响（Romer，1990；Aghion & Howitt，1992；Furman et al.，2002）。那么，企业 R&D 投资为何会出现不足，因而需要政府支持呢？Hall & Lerner（2010）对此进行了系统研究。他们研究认为，与普通的投资相比，R&D 投资有两个特征：第一，一半或一半以上的 R&D 支出主要用于支付科学家和工程师的工资薪金。科学家和工程师的研究工作创造了企业的无形资产、知识基础，并嵌入企业员工的人力资本中。但这也意味着企业的 R&D 支出表现出较高的调整成本（adjustment cost），因为他们一旦离职，企业的部分 R&D 资源基础将随之流失；第二，R&D 投资具有较大的不确定性。这种不确定性在研究计划或研究项目的初始阶段特别巨大。

此外，R&D 投资面临着严重的信息不对称问题，即与潜在投资者相比，发明人对发明的成功概率拥有更多的信息。因此，R&D 领域的“柠檬市场”问题将产生。通常而言，通过充分的信息披露可以有效缓解和解决信息不对称问题，但在创新领域，这一方式的采用受到极大限制，原因在于，发明思想（inventive idea）极易遭到模仿。因此，企业不愿意将创新性的思想披露给市场，特别是披露给它们潜在的竞争者（Bhattacharya & Ritter，

1983）。因此，缓解信息不对称的高昂代价意味着发明者将面临更高的外部融资成本。

综上所述，较高的调整成本、较大的不确定性与高昂的外部融资成本，将导致企业 R&D 投资显著低于社会最优水平。为了实现社会福利的最大化，政府有必要对企业的 R&D 投资进行补贴与激励。

第二节　国内外相关文献

为了清晰地反映国内外相关研究进展情况，本节分别从国外相关研究与国内相关研究展开文献梳理，并在此基础上进行小结与述评。

一、国外相关研究

在奠定政府支持企业技术创新的理论基础后，国外学者们对影响企业技术创新的主要政策工具及其作用机制、政策效果等内容展开了丰富的理论与实证研究。归纳起来，影响企业技术创新的财税激励政策主要包括供给层面的政府补贴与税收优惠以及需求层面的政府采购政策（Guerzoni & Raiteri，2015），并在此基础上形成“供给推动机制”与“需求拉动机制”等相关理论。见图 2 – 1。

供给推动（supply push）机制从供给层面出发，主要探讨投资成本等供给因素对创新活动的影响（Rosenberg，1974；Dosi，1988）。自 20 世纪 80 年代以来，供给推动政策一直备受青睐，受到理论界与政策界的持续、高度关注。在供给层面，影响企业技术创新的财税政策主要包括政府补贴与税收抵免。本节将分别从政府补贴与税收抵免两个方面，系统梳理财税政策影响企业技术创新的供给推动机制及其政策效果。

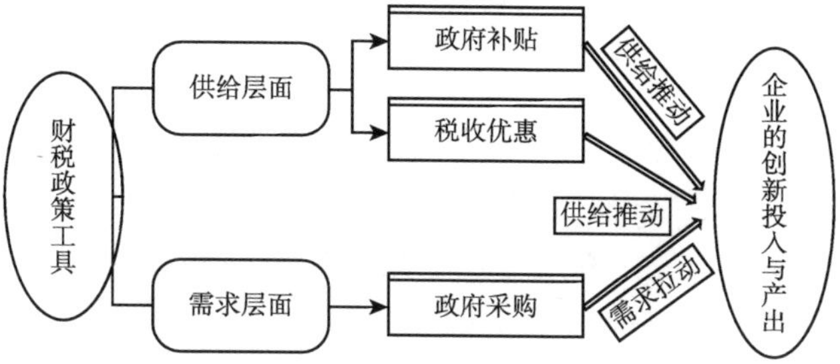

图 2－1　财税政策影响企业技术创新的机制框架

（一）政府补贴与企业技术创新

作为最为传统的政策工具，政府补贴对企业技术创新的影响机制与效应始终是国外学者们研究的一个重要方向。在理论机制研究的基础上，学者们从创新投入与创新产出两个视角，对政府补贴的政策效果展开了丰富的实证研究与讨论。

1. 相关理论机制研究

R&D 投入是企业最主要的创新投入，也是技术创新的关键因素。因此，政府补贴对企业技术创新的影响主要反映为政府补贴对企业 R&D 投入的影响。

学者们围绕“政府补贴与企业 R&D 投入的关系”这一核心问题展开研究。他们研究认为，政府 R&D 补贴强化了企业 R&D 投入（Holemans & Sleuwaegen，1988；Antonelli，1989），即政府补贴与企业 R&D 投入具有互补性关系。进一步研究认为，二者之间的这种互补性主要来源于资金、超技术（infratechnolog）、知识分享在生产阶段的技术互补性（Leyden & Link，1991）。此外，政府 R&D 补贴项目对未获得补贴企业所产生的溢出效应（spillover effects）则进一步表明了实施政府 R&D 补贴的必要性（Klette et al.，2000）。

在此基础上，学者们对政府补贴影响企业创新投入的内在机制进行了探讨。一方面，通过直接降低企业创新的边际成本和不确定性，政府补贴能够激励企业增加 R&D 投入（Almus & Czarnitzki，2003；González & Pazó，2008）；另一方面，政府补贴作为一种利好投资的信号传递给私人投资者，帮助企业贴上被政府认可的标签，进而帮助企业降低融资成本和获得其他创新资源（Lach，2002；Feldman & Kelley，2006；Kleer，2010）。

为系统阐述政府 R&D 补贴影响企业技术创新的作用机制，Lee（2011）构建了一个完整的理论框架，将政府 R&D 补贴对企业 R&D 投入的影响效应划分为四类，即技术能力提升效应（technological - competence - enhancing effect）、需求创造效应（demand - creating effect）、R&D 成本降低效应（R&D - cost - reducing effect）、叠加效应（overlap effect）。他分析认为，政府 R&D 补贴对企业 R&D 投入的总体影响方向及效应是不确定的。此外，政府 R&D 补贴对企业 R&D 投入的各种差异化效应取决于企业或行业的具体特征。

Bloom et al.（2019）将研发补助影响企业创新的途径总结为如下三个方面：第一，对学术机构的公共研发资助对私营企业会产生溢出效应；第二，私营企业也会亲自参与公共资助的研发活动；第三，私营企业直接获得研发补贴，进而增加研发投入。

2. 政府补贴影响企业创新投入的实证研究

政府 R&D 补贴对企业 R&D 投入究竟是产生了挤入效应（crowding in effect）还是挤出效应（crowding out effect），[①] 对这一问题的回答需要展开实证分析。国外学者们对此展开了细致的实证研究，Wallsten（2000）利用美国小企业创新研究项目（SBIR）的企业层面数据研究发现，政府补贴挤出了企业自身的 R&D 支出。研究结果显示，政府补贴每增加 1 美元，企业自身

① 挤入效应也称为互补效应，挤出效应也称为替代效应。

投资的 R&D 就减少 1 美元，即政府补贴存在显著的挤出效应。基于西班牙的企业数据，Busom（2000）的实证研究结果也表明，参与政府 R&D 补贴项目并未显著影响企业的 R&D 投入努力程度。很明显，上述学者的实证发现与大多数理论研究结论存在分歧。

鉴于上述实证发现与理论结论之间的争议性，国外学者们进一步研究认为，内生性问题可能是导致研究结论不一致的主要原因。内生性问题来自政府补贴过程的选择偏误或者遗漏与政府、企业 R&D 投资决策相关的潜在变量（David et al.，2000；Aerts & Schmidt，2008；Guerzoni & Raiteri，2015）。其中，样本选择偏误主要体现为两个方面：其一，由于政府补贴对象是由政府机构选择的，而政府机构会出现挑选"赢家"或"输家"的行为。例如，政府机构为了提高补贴项目的成功概率，可能倾向于选择那些创新水平更高的企业进行补贴。其二，那些有能力申请政府补贴的企业往往具有信息或者搜索能力方面的优势。

基于此，通过采用双重差分（DID）、倾向得分匹配（PSM）等现代计量方法克服内生性问题，国外学者们对政府补贴的挤入挤出效应展开了科学评估。例如，Almus & Czarnitzki（2003）利用东德企业的准实验数据，采用倾向得分匹配方法在控制组中构造处理组的反事实，研究发现，政府的 R&D 补贴与企业的 R&D 投入正向相关，从而拒绝了挤出效应假说。利用社区创新数据中的弗兰德斯和德国企业层面数据，采用非参数匹配和条件双重差分法，Aerts & Schmidt（2008）分析结果显示，与未获得补贴企业相比，获得补贴的企业在 R&D 投入方面更加积极。显然，这一研究结果同样拒绝了政府 R&D 补贴对企业 R&D 投入的挤出效应假说。区域层面的实证分析同样拒绝了挤出效应假说。Fornahl et al.（2011）以德国生物技术行业为研究样本，研究发现，合作式 R&D 补助对区域 R&D 具有正向影响。基于西班牙的企业数据，Huergo & Moreno（2017）研究发现，政府补贴项目显著增加了企业从事 R&D 活动的概率。然而，Bronzini & Iachini（2014）利用意大利 R&D 补贴项目数据，采用断点回归方法，研究发现，总体而言，R&D 补贴并未显著增加企业的额外研发投入。由此可见，在克服内生性问题后，政府补贴对企业 R&D 投入的挤入效应得到大多数经验研究的支持，相应地，政府补贴对企业 R&D 投入的挤出效应假说却遭到普遍拒绝。

关于政府补贴政策效果的实证研究并未止步于挤入挤出效应的检验，国外学者们还对政府补贴影响企业创新投入的异质性展开了积极探索。其一，对不同规模政府补贴的异质效应研究，但相关研究结论存在明显争议。Görg & Strobl（2007）利用爱尔兰的企业数据研究发现，小规模的 R&D 补贴对企业 R&D 投入具有挤入效应，但大规模的 R&D 补贴对企业 R&D 投入却产生了挤出效应。此外，这一效应只存在于本地企业中，在外国企业中并不显著。然而，基于法国企业 1993 ~ 2009 年的微观数据，Marino et al.（2016）却得出截然不同的研究结论。他们研究发现，在获得中等偏上补贴的企业中，政府的 R&D 补贴存在明显的挤出效应；而在获得高额补贴（10 万欧元以上）的企业中，政府的 R&D 补贴却存在明显的挤入效应；其二，对不同规模企业的异质效应研究，大量研究表明，与大型企业相比，政府补贴在小型企业中的创新绩效更加明显。Özçelik & Taymaz（2008）以土耳其制造业企业为例，研究结果表明，与大型企业相比，小型企业从 R&D 补贴项目中受益更多，在 R&D 投入方面表现得也更为突出。类似的，González & Pazó（2008）基于西班牙制药业 1990 ~ 1999 年的企业面板数据，研究也发现，政府补贴的创新绩效在小型企业和处在较低技术水平行业的企业中更为突出，并将其归因于 R&D 投资的诱导效应（effect of induction）。

3. 政府补贴影响企业创新产出的实证研究

尽管 R&D 投入对技术创新至关重要，但其反映的仅仅只是创新过程中的投入面。R&D 投入能否顺利转化为新产品等创新产出，还受到其他诸多因素的影响。因此，部分学者认为，研究政府补贴对企业创新产出的影响更能全面、客观地反映政府补贴的创新绩效（Guerzoni & Raiteri，2015；Bronzini & Piselli，2016；Szczygielski et al. ，2017）。

基于此，部分国外学者从创新产出维度，对政府补贴的政策效果展开实证研究。基于“创新战略趋势 2006～2008”（Strategic Trends in Innovation 2006～2008）这一微观调查数据，Guerzoni & Raiteri（2015）分析了财税政策组合对企业创新产出的影响。倾向得分匹配估计表明，政府补贴对企业的创新产出具有显著的正向影响，但是，当控制了不同政策之间的交互影响后，政府补贴的影响效应显著降低。Bronzini & Piselli（2016）则利用 2000 年在意大利北部地区实施的 R&D 补贴项目这一准自然实验，采用断点回归识别方法，实证评估了政府补贴对企业专利申请数量的影响。研究发现，R&D 补贴项目对企业的专利申请数量具有显著的正向影响，而且这种影响在小型企业中更为显著。进一步地测算分析表明，企业一项额外的专利申请所需要的政府补贴金额为 206000～310000 欧元。基于融资约束视角，Howell（2017）利用美国能源部 SBIR 资助项目的相关数据，研究发现，在早期阶段获得 R&D 补贴的企业更容易获得风险资本的投资，并产出更多的专利和收入。进一步研究发现，该效应与企业的融资约束情况紧密相关，融资约束越强的企业所产生的效应越大。以土耳其和波兰这两个技术追赶型国家的制造业为研究样本，基于新产品、新市场等创新产出视角，Szczygielski et al.（2017）的研究也表明，政府 R&D 补贴显著提升了两国企业的创新产出表现。但欧盟资助的政府补贴并未促进波兰企业的创新行为，甚至起到了阻碍作用。他们将这种创新绩效的差异性归因为政府援助资金结构的差异性。与土耳其不同，波兰的政府补贴资金主要来自欧盟。Azoulay et al.（2019）则定量研究了国家卫生研究所的科学资助对制药和生物企业的专利影响。研究发现，国家卫生研究所的科学资助显著增加了私营企业的专利产出。具体而言，1000 万美元的科学资助，将导致私营企业的额外专利平均增加 2.3 项。

可见，政府补贴作为供给层面最为传统与重要的政策工具，受到了国外学者们的极大关注。学者们从理论机制、创新投入、创新产出等方面，对政府补贴的政策效果展开了细致研究与讨论。总体而言，相关研究基本肯定了政府补贴促进企业技术创新的积极作用，但同时也强调了政府补贴创新绩效在不同企业之间所具有的异质性。

（二）税收优惠与企业技术创新

1. 相关理论机制研究

与传统的政府补贴工具不同，税收抵免作为税收优惠的主要形式，在近 20 年来才逐渐受到 OECD 国家的重视。由于采用税收抵免政策的国家越来越多，其产生的政策效果也受到越来越多的关注。与政府补贴政策相比，税收抵免政策最大的优势在于其“中性”的特征（Kobayashi，2014）。具体而言，在激励企业进行 R&D 投入时，企业能否享受税收抵免等优惠政策与其所在产业、企业规模和创新类型无关。在整个过程中，政府并未直接进行干预，因而它是一种市场友好型的政策（Czarnitzki et al.，2011）。因此，与直接的政府补贴相比，税收抵免等优惠政策能够降低行政负担和“挑选输家”或“挑选赢家”的风险（Dechezleprêtre et al.，2016）。

虽然同属于供给层面的财税政策工具，但与政府补贴相比，具有“中性”特征的税收抵免作用于企业技术创新的机制十分简单，即通过降低 R&D 的边际成本（Eisner et al.，1984；Mansfield，1986；Hall & Reenen，2000），改善企业的融资约束（Kasahara et al.，2014），从而对企业 R&D 投入产生重要影响，进而促进企业的技术创新。

2. 税收优惠影响企业创新投入的实证研究

在理论探讨的基础上，国外学者们对税收抵免政策的创新绩效也展开了一系列实证研究。与政府补贴创新绩效研究类似，税收抵免对企业创新投入的影响成为实证研究的重要内容。大多数研究肯定了税收抵免政策对企业创新投入的积极作用，但也分析指出了创新绩效在不同企业之间的异质性。例如，Baghana & Mohnen（2009）利用加拿大魁北克制造业企业数据，研究结果显示，税收抵免显著促进了中小型企业的 R&D 投入，但对大型企业的 R&D 投入影响不显著。以中国台湾制造业企业为研究对象，采用倾向得分匹配方法，Yang et al.（2012）研究发现，与未获得 R&D 税收抵免的企业相比，获得税收抵免企业的 R&D 支出平均高出 53.8%。此外，税收抵免对企业 R&D 投入的影响效应在电子产业与非电子产业存在显著差异。Kobayashi（2014）则基于 2009 年日本中小企业调查数据，实证研究结果显示，对中小企业提供的税收抵免致使其 R&D 支出翻倍，而且这一效应在面临融资约束的中小企业中更加明显。基于美国的企业数据同样支持了上述基本研究结论。Rao（2016）采用工具变量法研究了税收抵免对美国企业 R&D 投资的影响，结果显示，短期而言，R&D 的使用者成本（user cost）每降低 10%，企业的 R&D 强度平均增加 19.8%。在跨国比较分析方面，Bodas - Freitas et al.（2017）基于法国、意大利、挪威等三国的调查数据，研究发现，税收抵免具有显著的创新投入效应，但在不同产业之间表现出一定的差异性。Mitchell et al.（2020）利用欧盟新成立的创新型企业数据，研究发现，研发税收激励对企业研发强度均产生了显著的正向影响，但同时也指出，当与政府补贴等手段相结合时，研发税收激励的效应会降低。

然而，也有部分学者得出不同的研究结论，他们的研究发现否定了税收抵免等优惠政策对企业技术创新的积极作用。例如，Radas et al.（2015）基于克罗地亚这一发展中国家企业数据，研究发现，税收抵免等税收优惠未能有效促进中小企业创新发展的绩效不显著，但政府补贴不仅促进了中小企业的创新投入，而且显著促进了企业的创新产出。基于法国企业 1993 ~ 2009 年的微观数据，Marino et al.（2016）采用双重差分与倾向得分匹配相结合的方法，实证评估了 2004 年税收抵免政策对企业创新的影响。研究表明，R&D 税收抵免政策挤出了企业的 R&D 投入。类似的，Brown et al.（2017）基于 OECD 的跨国高新技术产业数据，实证研究发现，R&D 税收抵免对高新技术行业的 R&D 投入具有显著的负向影响。利用欧盟国家的跨国企业数据，Knoll et al.（2021）研究了研发税收激励的跨境效应（cross – border effects）。研究发现，更大的税收激励能够增加跨国公司在本国的研发投资，同时减少该公司在其他国家的研发投资。这意味着，税收激励对总的研发投资所产生的效应是很小的。

3. 税收优惠影响企业创新产出的实证研究

与政府补贴的创新绩效研究类似，在研究税收抵免的创新绩效时，部分学者也主张从创新产出视角研究税收抵免的政策效果。原因在于，R&D 投入不是创新产出的唯一决定因素，例如，高技能工人的可获得性也是影响企业创新产出的一个重要因素（Cappelen et al.，2012）。但与基于创新投入视角的研究不同，基于创新产出视角的大多数研究肯定了税收抵免政策对企业技术创新的积极作用。例如，基于加拿大的企业数据，Czarnitzki et al.（2011）通过采用非参数匹配方法控制样本选择偏误问题，实证结果显示，税收抵免显著增加了企业的新产品销售比例。Cappelen et al.（2012）则基于挪威2001年与2004年的微观调查数据，采用双方程模型方法克服样本选择和内生性问题，研究认为，挪威的税收抵免政策即SkatteFUNN计划，显著促进了企业新生产工艺的开发，但并未显著促进企业市场新产品的研发。基于英国的行政数据，采用断点回归方法，Dechezleprêtre et al.（2016）的研究结果也表明，税收抵免政策对企业R&D投入和专利产出均产生了显著的影响。具体而言，R&D税收抵免方案使得干预组企业的R&D投入增加了一倍，专利增加了约60%。税收抵免的积极作用也在发展中国家得到证明。以阿根廷为研究样本，Crespi et al.（2016）的研究也证实，税收抵免显著促进了企业的R&D投入并增加了企业的创新产出，但这一影响效应与创新类型、工业部门和企业规模等相关。Ivus et al.（2021）基于印度的企业数据与其2010～2011年的税收抵免改革，采用双重差分法，研究结果显示，税收抵免改革不仅显著促进了企业研发投入，而且对企业创新产出产生了显著的促进作用。当然，也有部分研究否定了税收抵免对创新产出的积极作用。Gaessler et al.（2021）利用欧洲专利局的相关数据，研究发现，实施“专利盒”税收优惠制度的国家并未显著增加企业的研发和专利产出。Akcigit et al.（2021）通过区分基础研究与应用研究的溢出性差异，研究发现，诸如R&D税收抵免等常规的创新政策会过度资助应用研究，进而加剧动态经济中的资源错配问题。从而在一定程度上也否定了税收抵免等税收优惠政策对创新产出的积极作用。

综上所述，与传统的政府补贴相比，税收抵免政策具有“中性”特征，因此受到越来越多的关注，国外学者们也对税收抵免的政策效果展开了丰富的经验研究。总体而言，税收抵免等优惠政策对企业技术创新的积极作用得到大多数经验研究的支持。

（三）需求拉动机制与政策效果：创新型政府采购

需求拉动（demand pull）机制从需求层面出发，主要探讨市场规模等需求因素对创新活动的影响（Porter，1990；Edler & Georghiou，2007）。在需求层面，影响企业技术创新的财税政策主要为创新型政府采购。自20世纪80年代以来，部分学者已经开始注意到政府采购对企业技术创新的重要作用（Rothwell，1984；Geroski，1990）。但一直以来，理论界与政策界将目光主要集中于供给层面的创新政策分析，对需求层面的创新政策关注则明显不足。直到近10年来，随着需求导向创新政策的复活（Resurrecting）（Edler & Georghiou，2007），创新型政府采购对技术创新的关键作用才引发了学者们的广泛关注（Edler & Yeow，2016；Ghisetti，2017）。在OECD与欧盟国家中，创新型政府采购已经日益成为各国创新政策的核心内容（OECD，2017；Obwegeser & Müller，2018）。本部分将首先界定创新型政府采购的定义，在此基础上，从文献视角梳理相关机制和实证研究进展。

1. 创新型政府采购的概念界定

何为创新型政府采购（innovative public procurement）呢？国外学者们对此进行了广泛讨论与研究。需要指出的是，创新型政府采购与创新促进型政府采购（public procurement for innovation）、政府技术采购（public technology procurement）、政府创新采购（public procurement of innovation）、创新友好型政府采购（innovation – friendly public procurement）等概念并无实质性区别（Obwegeser & Müller，2018）。

Edquist & Hommen（1999）、Edquist & Zabala – Iturriagagoitia（2012）等将创新型政府采购定义为：政府机构对未来某个时期才会产生的新产品发出的订单。该定义能够较好的区分创新型政府采购与常规政府采购，[①] 也体现出政府采购订单发出后对企业创新的直接影响。但是，这一定义却忽略了政府采购订单发出前对企业创新的间接影响（Uyarra & Flanagan，2010；Rolfstam，2009）。事实上，在订单发出之前，创新型政府采购是技术密集型企业产品的早期和关键购买者，其创造或者扩大的市场需求能够提高企业的创新意愿（Guerzoni & Raiteri，2015）。因此，Guerzoni & Raiteri（2015）将创新型政府采购的概念进一步延伸，将其定义为：所有能够促进创新的政府机构购买性活动（purchasing activities）。

事实上，主张将创新型政府采购概念进行延伸的学者还包括Edler等。Edler & Georghiou（2007）研究认为，一些并未直接致力于R&D和创新的政策也能够间接刺激企业创新。因此，他们将政府采购定义为：所有通过增加创新需求、为产品（服务）定义新功能需求进而导致创新或者加速创新扩散（diffusion of innovation）的政府措施。基于满足人类需求的视角，Edler & Yeow（2016）进一步将创新型政府采购定义明确为：政府机构为满足需求所购买的新型产品、服务或者工艺流程。

可见，创新型政府采购的含义应当同时包括政府采购对企业技术创新的直接影响与间接影响，因此，所有能够促进技术创新的政府购买性活动都属于创新型政府采购的范畴。

2. 创新型政府采购激励企业技术创新的理论机制

创新型政府采购的重要性在于能够为新产品与新工艺创造一种可见的市场需求（visible demand），从而为创新的早期阶段提供最低限度的市场规模（minimal market size）。因此，与R&D补贴政策相比，政府采购在激励企业技术创新方面发挥着更大作

---

① 常规政府采购指的是对已经生产好的东西进行采购，例如笔和纸等日常办公用品。

用（Rothwell，1984；Geroski，1990）。例如，芬兰1984年和1998年的数据显示，在创新成功的项目中，48%是由创新型政府采购触发的（Palmberg，2004）。此外，作为一个庞大的主要消费群体，政府扮演着新产品学习和改造成本的领先用户（lead user）角色。通过使用某一特定的创新产品，创新型政府采购能够向私人市场发出积极信号并提高其知名度（Aschhoff & Sofka，2009）。

Edler & Georghiou（2007）对创新型政府采购激励企业技术创新的内在机理进行了总结，将主要机制概括为以下三点：其一，创新型政府采购所形成的公共需求能够为生产商提供明确的激励，降低他们的市场风险，并让他们在初期获得规模经济和学习效应；其二，创新型政府采购能够降低适应新产品的交易成本。通过及时与大规模地使用创新产品或者展示创新产品的功能，政府采购能够显著降低创新产品的交易成本。创新产品在政府部门的应用还进一步向私人市场发出积极信号，通过展示相关功能提高产品的早期认知度。因此，政府采购对创新产品具有催化式作用；其三，创新型政府采购有助于构建有价值的标准。这种标准的建立有助于创新产品的信任构建，进而扩大其市场规模。

3. 创新型政府采购影响企业技术创新的实证研究

近年来，随着被越来越多的OECD国家采用并实施，创新型政府采购的创新绩效研究也日益丰富起来。但国外学者们主要采用案例研究（case study）方法（Lember et al.，2008；Rolfstam，2009；Yaslan，2009；Edquist & Zabala - Iturriagagoitia，2012；Edler & Yeow，2016）。例如，Lember et al.（2008）基于波罗的海城市的案例研究发现，持续性的创新型政府采购对技术创新产生了重要的推动作用。基于土耳其30个IT技术的政府采购项目案例，Yaslan（2009）研究认为，创新型政府采购虽然没有导致激进式的创新，却对新产品进一步的商业化应用、组织与流程创新等产生了积极影响。Edquist & Zabala - Iturriagagoitia（2012）

以瑞典、挪威、美国为案例分析对象，研究结论肯定了创新政府采购对企业技术创新的积极作用。但他们也分析指出，采购部门过于详细和具体的技术规范要求会限制潜在供应商的创新能力。

诚然，通过对某一案例展开具体分析与深入解剖，能够在一定程度上揭示创新型政府采购对技术创新的重要作用。但由于案例选择标准的模糊性与随意性，案例研究样本的代表性存在明显缺陷，因此，相关研究结论也难以令人信服（Uyarra & Flanagan，2010）。基于此，部分学者利用企业微观数据，采用现代计量方法，实证剖析创新型政府采购的创新绩效。总体而言，这方面的研究还十分匮乏。其中，Lichtenberg（1988）测算了政府合同对企业 R&D 支出的影响效应，研究表明，对政府部门的销售量每增加 1 美元，企业 R&D 支出将增加 9.3%。而对非政府部门的销售量每增加 1 美元，企业 R&D 支出仅增加 1.7%。这就意味着，政府采购比其他企业合约具有更大的需求拉动效应。利用德国不同部门 1149 家企业微观数据，Aschhoff & Sofka（2009）首次系统研究了规制、R&D 补贴、大学基础研究、创新型政府采购等不同政策组合对企业技术创新产出的影响。研究结果显示，创新型政府采购与源自大学的知识溢出驱动了企业的技术创新。不同的是，知识溢出能够让所有企业受益，而创新型政府采购的创新效应与企业特征有关，仅对处在经济压力区域和技术服务领域的中小企业产生显著影响。Guerzoni & Raiteri（2015）则将供给层面的 R&D 补贴、税收抵免与需求层面的政府采购等创新政策放入同一个框架展开分析。倾向得分匹配估计表明，当控制了政策之间的交互影响后，供给层面的政府补贴影响效应显著降低，而创新型政府采购（innovative public procurement）却仍然具有较大的影响效应。

此外，部分学者对影响创新型政府采购政策效果的关键因素与主要障碍进行了分析。例如，Caldwell et al.（2005）研究认为，创新型政府采购取得成功的关键要素主要包括：采取项目公开招标做法、加强对关键供应商的监督管理、强化后期合同管理（post－contract management）等。基于制度分析视角，Rolfstam（2009）研究指出，创新型政府采购的成败不仅取决于国家法律等外部制度，而且取决于企业的内生制度及其制度之间的协调性。Uyarra et al.（2014）则研究了创新型政府采购促进创新的主要障碍。他们研究认为，供应商与采购机构之间缺乏互动、采购标书过于具体（over－specified tenders）、采购人能力低下、对采购过程中的风险管理水平低下等因素成为影响创新型政府采购创新绩效的主要障碍。

综上所述，国外学者的相关研究不仅肯定了创新型政府采购促进企业创新的积极作用，而且研究表明，与政府补贴等供给层面政策相比，创新型政府采购的创新效应更大。

二、国内相关研究

与国外相比，关于财税激励与企业创新的相关国内研究虽然起步较晚，但发展十分迅速。本节首先对企业技术创新的相关理论进行综述，然后分别从政府补贴、税收优惠与政府采购等维度，系统梳理财税政策影响企业技术创新的相关研究。

（一）企业技术创新的基础理论研究

如何促进我国的企业技术创新？如何发挥政府在创新驱动发展过程中的积极作用？对于这些问题，国内学者们进行了长期的理论探讨，甚至不乏激烈的争论。[①]

① 例如：2016年11月9日，北京大学两位著名经济学家林毅夫和张维迎在北大展开了一场关于产业政策的辩论。

首先，学者们对影响企业技术创新的关键因素进行了深入的分析与讨论。代表性的研究与学者如下：柳卸林等（1999）认为，在推动创新的过程中，一个竞争的市场环境要比一个聪明的政府的作用大得多。魏江和寒午（1998）认为，影响企业产品创新能力的最关键要素是R&D能力，它是企业实现产品创新的最主要保证，而R&D能力提高的核心是人员能力的提高。安维复（2000）则从国家创新体系视角，认为创新活动是技术推动与需求拉动的有机结合。洪银兴（2013）认为，创新驱动的增长方式不只是解决效率问题，更为重要的是依靠知识资本、人力资本和激励创新制度等无形要素实现要素的新组合，是科学技术成果在生产和商业上的应用和扩散。辜胜阻（2017）进一步指出，在创新的过程中，制度创新重于技术创新，人才激励重于技术开发，营造环境重于集聚要素，创新文化重于基础设施建设。

其次，围绕产业政策的存与废及其对企业技术创新的影响效果等问题，学者们展开了丰富的探讨。江飞涛和李晓萍（2010）认为中国的产业政策体现出强烈的直接干预市场、以政府选择代替市场机制和限制竞争的管制性特征和浓厚的计划经济色彩，从而不利于企业创新。张杰、宣璐（2016）也指出，各级政府现行的产业政策是政府和市场各自功能边界定义不清和认识混乱的直接产物，也是当前独特的行政体制和官员晋升体制的产物，进而导致产业政策在某种意义上与落实创新驱动的国家战略发展目标发生了根本性背离。类似的，陈彦斌、刘哲希（2017）认为，以政府直接干预市场为核心特征的选择性产业政策扭曲了企业的创新行为，一定程度上造成了企业创新成果质量较低的局面。

然而，聂辉华（2017）指出，讨论产业政策是否有用就是一个“伪命题”，真命题是产业政策在什么条件下有用，或者说在什么条件下无用。根据国企和民企面临的约束条件和目标函数差异，他的理论分析表明，以国企为基础的产业政策，短期内容易实现政府的集中目标，但是易导致产能过剩、低效率以及扭曲的政企关系；以民企为基础的产业政策见效较慢，长期来看会促进市场竞争并形成规范的政企合作。陈清泰（2016）也认为，中国产业政策执行了20多年，总体上看，在我国经济发展追赶的早期，产业政策的实施有得有失，得大于失；经济发展追赶的中后期，产业政策的实施有失有得，失大于得。因此，不应以中国过去产业政策的效果不显著、无效或负效应而否定产业政策本身的合理性以及未来通过改革和调整而提升中国产业政策积极效应的空间和可能性（贺俊，2017）。

（二）政府补贴与企业技术创新

作为政府支持企业技术创新的主要工具之一，政府补贴及其对企业技术创新的影响效应一直是该领域的重点和热点问题，也引发了学者们的广泛关注。国内学者们基于不同的视角、利用不同的数据与采用不同的研究方法，对政府补贴的创新效应展开了较为细致与深入的研究，也积累了十分丰富的文献资料。然而，遗憾的是，既有相关研究结论远未达成共识。梳理相关主要文献可知，目前关于政府补贴与企业技术创新的关系主要可以分为以下三类：

1. 挤入效应

基于不同行业、不同研究数据与研究方法，部分学者们的研究结论肯定了政府补贴对企业研发投入和产出的促进作用。基于战略性新兴产业，陆国庆等（2014）的实证研究结果表明，创新补贴对企业产出的绩效是显著的、可信的，创新补贴的外溢效应也是显著的。以电子信息产业上市公司为样本，李晓钟和徐怡（2019）研究发现，政府补贴对电子信息产业的创新绩效存在着积极促进效应。尚洪涛和宋雅希（2020）以民营制造企业为样本，基于PVAR模型，动态分析政府补贴、创新数量与创新质量的互动关系。结果显示，政府补贴对民营制造企业创新数量和创新质量均有滞后期为 1 ~4 年的促进作用，且对创新数量的促进效果更显著。王刚刚等（2017）则基于企业普遍存在融资约束的现实背景，利用 A 股上市公司数据和 PSM 模型，研究发现，政府 R&D 补贴能够释放基于政府信用的技术认证和监管认证双重信用认证信号，使得市场投资者出于对政府评估的信任而给予企业更高的信用认可，进而解决企业 R&D 投资面临的融资问题，激励了企业的 R&D 投入。姚东旻和朱泳奕（2019）基于中国工业企业数据库，使用倾向得分匹配与双重差分（PSM - DID）的微观计量方法，研究发现，政府补贴对于企业后续创新投入具有显著促进作用而非“挤出效应”。

2. 挤出效应或者不显著效应

部分学者研究发现，政府补贴并未显著影响企业研发投入和研发产出，甚至还产生了明显的挤出效应。陈林和朱卫平（2008）在一个静态的多产品多市场的非对称古诺博弈模型基础上，利用宏观数据的实证结果显示，以“科技三项费”为代表的创新补贴款项并未明显刺激全社会创新产出的增长。利用中国科技部的“科技型中小企业技术创新基金”和中国工业企业数据库的微观数据，张杰等（2015）系统评估了中国创新补贴政策的绩效。他们研究发现，政府创新补贴政策对企业私人研发并未表现出显著的挤入效应。基于 A 股高科技上市公司数据和 PSM 模型，彭红星和王国顺（2018）的实证结果表明，创新补贴导致公司过度投资并加重雇员冗余程度，进而显著地降低了高科技公司全要素生产率。在对比分析政府税收优惠和直接研发补贴对企业创新绩效和创新质量的影响效应后，白旭云等（2019）研究发现，政府的研发补贴对企业的创新绩效和创新质量均具有挤出作用。基于中国税收调查数据，陈强远等（2020）的研究结果也表明，以“政府科技活动资金投入”为代表的自由裁量型政策，则对企业技术创新数量和质量都无影响。

3. 非线性影响效应

部分学者研究发现，政府补贴对企业创新的影响是非线性的。尚洪涛和黄晓硕（2019）以医药制造业为研究样本，研究发现，政府创新补贴与未来一期的创新产出呈正U形关系。类似的，基于全国企业创新调查数据库的微观企业数据，张杰（2020）的研究结果也表明，政府创新扶持补贴政策对微观企业私人性质创新投入总体上呈现出显著的U形关系激励效应。这意味着，只有当政府对企业创新补贴的规模达到一定临界值之后，方可对企业创新投入产生挤入效应；否则，其对企业创新投入造成的则是挤出效应。基于上市公司数据，施建军和栗晓云（2021）同样证实了政府补助规模与企业创新能力的U形关系。从技术外溢视角出发，安同良和千慧雄（2021）进一步将R&D补贴嵌入到R&D竞争框架内，结果显示，当需要补贴时存在一个最优的R&D补贴规模，且“普惠式”补贴与“竞争式”补贴有各自的优势区间。

此外，还有部分学者从企业性质、生命周期与业绩境遇等视角，对政府补贴影响企业创新的异质性展开了深入分析。杨洋等（2015）研究发现，相比国有企业，政府补贴对民营企业创新绩效的促进作用更大；要素市场扭曲程度低的地区，政府补贴对企业创新绩效的促进作用更大。童锦治等（2018）的实证结果表明，政府补贴显著激励了成熟期企业的研发创新，对成长期和衰退期企业的影响较小。刘春济和高静（2019）研究发现，与补助困境企业相比，补助绩优企业可以获得更大的研发激励效应。在统筹考虑业绩境遇、产权特征和技术属性的情况下，发现补助国有高新技术企业和处于绩优状态的民营企业会获得更大的研发激励效应，补助国有非高新技术企业的效果则是最差的。

值得指出的是，面对研究结论的持续争议，部分学者从政府补贴的构成入手，通过区分创新与非创新补贴，力图澄清研究结论的争议。但遗憾的是，区分政府补贴性质后的相关研究结论依然存在明显分歧。李万福等（2017）研究发现，随着政府创新补助的增加，企业创新自主投资在减少。郭玥（2018）的研究结果却表明，创新补助会显著促进企业研发投入和实质性创新产出的增加，而非创新补助对企业创新无显著影响。与之不同的，吴伟伟和张天一（2021）的研究表明，研发补贴对新创企业创新产出具有倒U形影响，非研发补贴对新创企业创新产出具有积极影响。

综上所述，国内学者们基于不同的视角、数据和方法，对政府补贴的创新效应及其异质性进行了大量研究。但遗憾的是，相关研究结论依然存在明显分歧。

（三）税收优惠与企业技术创新

税收优惠能否激励企业技术创新？这一议题受到学者们的广泛关注。原因在于，事前政府需要判断何时何地推出税收激励政策较为合适；事中决策层希望实时考察政策的阶段性效果，以便及时调整政策方向与力度以优化激励功效（刘诗源等，2020）。既有研究从理论与实证维度，分别就税收优惠对企业研发投入与研发产出的影响效应及其异质性进行了深入且丰富的研究。

1. 理论研究

关于税收优惠与企业技术创新的理论研究主要分为两类。一是理论模型分析；二是激励企业创新的税收优惠政策国际比较。在理论模型分析方面，学者们研究认为，税收优惠通过降低企业研发成本并增加企业创新收益，进而能够促进企业技术创新。代表性的研究包括陈林和朱卫平（2008）与张同斌和高铁梅（2012）。陈林和朱卫平（2008）在一个静态的多产品多市场的非对称古诺博弈模型基础上，研究了出口退税政策对创新产出的作用机制与政策效果。理论分析结果表明，降低低技术品出口退税率在一定的劳动力资源禀赋结构和劳动力市场环境下，能有效激励本国创新产出，提高社会福利水平。基于可计算一般均衡模型，张同斌和高铁梅（2012）研究认为，税收优惠政策主要通过降低成本促进高新技术企业的投资增加；税收优惠政策改变了高新技术产业中间投入和增加值的相对价格，使得市场中的创新要素向高新技术产业流动，扩大高新技术产业的投资规模，进而促进高新技术产业发展。

在政策国际比较方面，学者们对激励企业创新的税收优惠政策进行了深入分析，并得出诸多有价值的启示意义。李文（2007）在对税收优惠政策进行国际比较后，研究认为，税收激励主要作用于研究开发（R&D）支出、公司培训费用、中小企业、企业与科研部门的合作等方面。杨梅英等（2014）则针对企业研发费用的税收优惠政策进行了国际比较。研究认为，应根据公司规模的大小制定不同力度的研发费用优惠政策，对于中小规模公司给予更大幅度优惠额。鞠铭（2017）对企业研发税收优惠政策进行了国际比较。研究认为，与加计扣除政策相比，税收抵免具有更为显著的激励效应。在对专利税收优惠政策进行了国际比较分析后，程瑶和潘旭文（2018）研究认为，应将专利技术的内嵌收入纳入税收优惠范围内。

2. 实证研究

税收优惠政策对企业技术创新的影响效应是一个实证层面的问题。围绕这一议题，国内学者们基于不同的行业、数据与税收优惠政策工具，开展了大量的实证分析，也得出了十分丰富的研究结论。总体而言，大多数研究肯定了税收优惠对企业创新的积极作用。归纳起来，既有相关研究主要沿着两条思路展开，即企业研发投入与企业研发产出。

（1）企业研发投入

由于研发对企业技术创新具有决定性影响，因此，大量的研究从企业研发投入视角，从具体的税收优惠政策工具与整体税收优惠等不同视角，实证分析税收优惠对企业研发投入的影响效应。在具体的税收优惠政策工具方面，李昊洋等（2017）、伍红等（2019）等研究了固定资产加速折旧税收优惠政策对企业研发投入的影响。他们研究发现，固定资产加速折旧的税收优惠对企业的创新投入存在正向激励效应。胡凯和吴清（2018）、寇明婷等（2019）、冯泽等（2019）等研究了研发加计扣除税收优惠对企业研发投入的影响效应。他们的研究结果显示，研发费用加计扣除政策显著提高了企业的研发投入规模与强度。利用高新技术企业数据，许玲玲等（2021）研究了高新技术企业的税收优惠对企业研发投入的影响，研究结论肯定了税收优惠对高新技术企业研发投入的积极影响。

在整体的税收优惠方面，匡小平和肖建华（2008）的实证分析表明，在影响企业自主创新能力的诸多外部影响因素中，税收具有显著作用。冯海红等（2017）研究发现，税收优惠对企业研发投资的影响受到政策力度的显著影响。在最优的政策力度门限区间内，政府税收优惠政策对企业研发投资有着显著的正向激励作用；而政策力度小于第一门限值时激励作用较为微弱，大于第二门限值则产生反效果。贺娜和李香菊（2021）基于A股上市公司数据，研究结果显示，税收激励对研发投入强度具有正向促进效应，而且税基优惠的促进效应大于税率优惠。进一步的机制分析表明，税收激励可通过缓解融资约束提高研发投入强度，其中税基优惠主要有利于缓解内部融资约束，税率优惠更有助于缓解外部融资约束。

与此同时，学者们还特别关注了税收优惠对于不同产业、不同阶段、不同约束企业的激励效应所具有的差异性（柳光强，

2016)。基于上市公司数据，刘放等（2016）研究发现，税收优惠整体上有助于激励企业进行创新投入。进一步的研究结果显示，融资约束程度越强，产品市场竞争越强，地区市场化进程程度越高，税收激励效果越显著。李香菊和杨欢（2019）基于战略性新兴产业 A 股上市公司数据，研究发现，市场环境的优化和知识产权保护制度的完善可以加强财税政策创新激励作用。刘诗源等（2020）则基于生命周期视角，研究结果显示，税收激励的作用集中体现于成熟期企业，对成长期和衰退期企业的影响不显著。进一步的分样本回归显示，税收激励显著促进成熟期的民营、高科技、制造业企业的研发投入，对其他类别或阶段的企业无显著影响。

当然，并非所有的研究都肯定税收优惠对企业研发投入的积极作用。李维安等（2016）研究发现，高新技术企业所得税优惠政策在很大程度上成为企业规避税收的“税盾”。他们认为，存在政治关联的企业并未将税收优惠有效地投入到创新活动中去，但同样获得了相当数额的优惠。王春元和叶伟巍（2018）也研发发现，税收优惠政策对企业自主创新存在抑制作用。他们认为主要原因在于，融资约束的负效应会抵消甚至超过税收优惠对企业自主创新的正向促进作用，最终使得税收优惠政策的调整难以产生预期的积极创新效应。王桂军和张辉（2020）的研究结果也显示，政府补贴与税收优惠的组合实施显著地降低了企业的创新能力。他们认为出现上述结果的原因在于，二者的组合实施强化了政企之间的“逆向选择”问题和寻租行为，从而对企业的研发资金配置产生了双重“挤出效应”。

（2）企业研发产出

不可否认，R&D 投入作为企业最重要的创新投入，在很大程度上决定了企业的创新能力。但由于研发活动存在失败率高、不确定性强等特征，创新投入能否转化为产出受到诸多因素的影响。因此，与研发投入相比，以专利为代表的研发产出更直观地体现了企业的创新水平。有鉴于此，部分学者从研发产出视角，实证分析税收优惠对企业创新的影响效应。总体来看，基于研发产出视角的文献不多，且相关研究结论不一。袁建国等（2016）基于上市公司数据，研究发现，尽管税收优惠对企业研发投入具有显著激励效应，但对创新产出的激励作用则不明显。基于战略性新兴产业上市公司数据，储德银等（2017）的研究结果也显示，税收优惠通过人力资本所传导的间接作用不利于增加企业的专利产出。然而，白旭云等（2019）基于高新技术企业数据，研究发现，税收优惠政策有利于企业创新绩效和高质量创新产出的提升。此外，对于技术能力越强的企业，税收优惠对高质量创新产出的促进作用将越弱。基于新能源汽车企业数据，刘兰剑等（2021）的研究结果显示，税收优惠对专利质量产生了正向的激励作用，但存在明显的门槛效应。另外，还有学者区分了专利数量与专利质量，并分别考察税收优惠对两者的不同影响。例如，黎文靖和郑曼妮（2016）研究发现，当公司预期将获得更多的政府补贴和税收优惠时，其非发明专利申请显著增加，并将这一行为概括为“策略性创新”。陈远燕等（2018）基于高新技术上市企业数据，研究发现，税收优惠对企业专利授权数量产生了显著的正向影响，但对企业发明授权数量的影响不显著。

综上所述，国内学者们从研发投入和研发产出视角，对税收优惠政策的创新效应进行了十分丰富的理论与实证分析。大多数的研究结论肯定了税收优惠政策对企业创新的促进作用，同时也指出了影响效应在不同企业之间所表现出的异质性。

（四）政府采购与企业技术创新

我国的政府采购起步晚，但发展十分迅速，已经成为政府十分重要的政策工具。因此，政府采购对企业技术创新的影响效应成为学者们研究的一个热点问题，并积累了丰富的文献。本节将既有文献区分为理论研究与实证研究两大块，并分别对相关研究予以系统梳理。

1. 理论研究

关于政府采购与企业技术创新的理论研究主要包括两个方面：一是政府采购影响企业技术创新的理论机制分析，二是政府采购促进企业技术创新的国外经验借鉴。

在理论机制分析方面，王丛虎（2006）研究认为，规范政府采购，不仅能够提高财政资金使用效率、减少腐败，而且可以促进科技自主创新。王铁山和冯宗宪（2008）进一步将政府采购对企业自主创新的激励机制归纳为企业内部推动与社会外部拉动两个方面。具体而言，政府采购通过资金要素、风险要素、能力要素等企业内部要素推动企业自主创新。而社会外部拉动作用主要包括社会导向的拉动作用、市场需求的拉动作用与产业竞争对自主创新的拉动作用等三个方面的内容。杨丽（2012）则将政府采购的功能划分为基本功能与政策功能。其中，基本功能指采购工程、货物和服务的实际交易活动，政策功能指通过交易活动带来的附加效果。政府采购为中小企业提供技术和产品销售的渠道，从而为中小企业解决发展中面临的市场瓶颈和资金流动困难，实现技术和产品的市场价值，这是基本功能的表现。而政府采购为中小企业带来口碑，有助于企业品牌和形象的提升，同时也有助于规范企业的管理和技术创新，促进企业提升产品质量，这是政策功能的表现。

在国外经验介绍方面，艾冰（2012）、李燕和朱春奎（2016）等介绍了美国和德国利用政府采购促进自主创新的成功经验。他们研究认为，尽管政府采购促进自主创新各具特色，不尽相同，但他们却有一个最根本的共同点：符合各个层面上的法律法规要求。王程韡和李振国（2016）在对 OECD 国家的需求侧创新政策进行比较分析后认为，只有在一个相对清廉的规制环境中，公共采购政策才会对提振经济乃至创新起到正向的促进作用。江永清（2017）则对发达国家创新券政策支持大众创新创业的目的与形式、服务内容与项目、申请和承接服务资格条件、管理流程与制度规范和政策评估与完善五位一体的运行模式进行讨论和分析，并归纳其对我国政府购买服务支持大众创新的可资借鉴的基本经验。

2. 实证研究

国内学者们基于不同的研究数据与研究方法，对政府采购与企业创新的关系展开了丰富的实证分析。但遗憾的是，与政府补贴的相关研究类似，学者们关于政府采购与企业创新的关系未能达成共识，相关研究结论分歧明显。归纳起来，相关研究结论大体可以分为如下几类：

（1）不显著效应

部分学者研究认为，中国的政府采购并未显著促进企业的技术创新。胡凯等（2013）利用省级面板数据，研究结果显示，中国的政府采购没有促进技术创新，甚至阻碍了技术创新。他们认为可能的原因在于，竞争不足阻碍了我国政府采购发挥应有的作用。李燕和朱春奎（2016）也研究发现了政府采购对企业创新的不显著效应。他们进一步分区域的研究结果显示，政府采购并未对中、西部地区的技术创新活动产生显著的影响作用，对东部地区的技术创新活动甚至表现出明显的抑制作用。通过构建空间计量模型，桂黄宝（2017）研究发现，中国政府采购政策在实施初期阶段不仅没有促进技术创新，反而显著地阻碍了创新，但随着中国政府采购政策自主创新激励目标的确定，其政策效果有所改善。

（2）显著的促进效应

部分学者研究发现，中国的政府采购有效地促进了企业创新。通过利用灰色关联矩阵模型测度政府采购在促进自主创新中的重要程度，艾冰（2009）研究发现，政府采购与 R&D 投入、专利授权数、技术市场交易额等指标的关联度均在 0.8 以上。基于省级面板数据，曹润林（2016）的研究结果显示，我国政府采购支出发挥出了促进企业自主技术创新的政策功能效应。通过综合采用政策计量、实地调研、案例分析等方法，刘云等（2017）对北京市的政府采购政策效果进行实证分析。他们研究发现，政府采购可以有效推动自主创新企业的发展与壮大，但定点采购会弱化市场竞争，从而抑制政府采购的技术创新绩效。此外，肖建华和谢璐华（2020）基于我国 31 个省份的面板数据，研究发现，政府采购政策的实施有利于省域创新能力提升，无论是低竞争行业还是高竞争行业，在政府采购制度中保持适度的市场竞争对促进省域创新都有一定积极意义。

（3）异质性效应

部分学者从不同性质、不同行业、不同地区以及不同政策类型等方面，实证分析了政府采购影响企业创新的异质性效应。基于中国中小企业政府采购数据，采用倾向得分匹配法克服内生性，刘凤朝等（2017）研究发现，政府采购能够有效促进中小企业 R&D 投入，且这种影响对国有性质、低技术行业和金融欠发达地区的中小企业更加显著。马承君等（2018）则从潜在创新企业和在位创新企业两个视角，采用中关村高新企业微观数据，实证研究发现，政府采购政策可以提高潜在创新企业开展创新活动的可能性，但是对在位创新企业的创新活动无显著影响。以全国企业获取政府采购订单情况和专利申请情况作为研究对象，武威和刘玉廷（2020）研究发现，整体上政府采购促进了企业的自主创新，但在考虑区域政策环境因素的影响后，实证结果表明，本地政府采购与企业创新呈显著负相关关系，表现出“保护效应”，而异地政府采购与企业创新则呈显著正相关关系，表现出“溢出效应”。陈志刚和吴丽萍（2021）则将信贷约束渠道纳入分析框架，基于世界银行对中国企业经营环境的调查数据，研究发现，政府采购通过有效缓解信贷约束，进而显著推动企业技术创新。进一步研究表明，对于面临更强信贷约束的民营企业、中小企业和资本技术密集型企业，政府采购促进其技术创新的中介效应更为突出。此外，王小平（2019）研究了国家高新区和政府采购政策组合对企业技术创新的共同影响。他研究发现，国家高新区和政府采购政策组合对企业技术创新数量和质量具有显著激励作用，且“成熟期”的国家高新区和政府采购政策组合的正向影响更明显，但国家高新区和政府采购政策组合对高质量的企业技术创新并无显著的溢出效应。

综上所述，国内学者们对政府采购影响企业技术创新的理论机制与具体效应进行了大量研究。尽管学者们在理论上都肯定了政府采购对企业技术创新的积极作用，但在实证结论方面却尚未达成共识，相关研究还有待进一步开展。

三、小结与述评

通过对国内外相关文献的回顾，我们不难发现，国内外学者们不仅在理论上对政府支持企业技术创新的合意性展开了丰富的讨论，而且分别从政府补贴、税收优惠、政府采购等不同维度，就财税政策对企业技术创新的影响效应进行了大量的研究。毫无疑问，上述相关研究为本研究的开展提供了丰富的素材，是本研究开展的重要基础。然而，既有相关国内外研究基于不同的研究数据、研究方法与研究视角，得出的相关研究结论远未达成共识，相关争议持续不断。可见，该领域的研究尚需进一步深化。归纳起来，既有研究在如下几个方面尚需进一步深化研究：

第一，政府补贴的异质性问题。国内的绝大多数文献未考虑政府补贴的这种异质性，而是简单将企业创新对政府补贴总额进行回归分析。事实上，政府补贴的类型丰富、种类繁多、范围广泛。例如，在中国，除了研发补贴等创新类补贴外，还广泛存在着诸如纳税大户、拆迁补偿、污水处理、财政贴息等非创新类补贴。而这些不同类型的政府补贴在政策目标与项目管理等方面存在明显差异，进而对企业创新产生不同影响。

第二，内生性与异质性问题。实践中的政府补贴、创新型政府采购等政策选择并非随机，因为政府在决定政府补贴或者政府采购对象时，有些行业选择创新基础好的企业，而有的行业可能选择创新基础差的行业。这种样本选择偏误导致的内生性问题直接影响着实证研究结论的可靠性，因此，在开展相关实证研究过程中，如何根据具体的研究对象、研究数据选择科学的研究方法，有效解决内生性问题是我国学者在相关研究中要特别注意的问题。此外，国外学者们的研究表明，在不同的产业、行业与企业中，财税政策的创新绩效存在显著差异。因此，我们在研究财税政策的创新绩效时，应当结合具体国情，进一步深入剖析在不同发展阶段的产业与行业中，财税政策激励技术创新的机制与效果有何不同。

第三，税收营商环境对企业技术创新的影响研究。不难看出，财税激励企业创新的相关文献中，鲜有关于税收制度环境对企业创新的实证分析。此外，关于税收营商环境的现有研究主要从理论上探讨了税收营商环境的问题与对策，相关定量分析十分匮乏。与此同时，在少量的关于营商环境的创新效应研究中，缺乏税收营商环境的专门研究。有鉴于此，税收营商环境对企业技术创新的影响效应及异质性尚需进一步开展研究。

第三章　制度背景与激励企业技术创新的财税政策实践

第一节　我国创新发展战略的演进过程

自 1978 年改革开放以来，党中央和国务院一直高度重视科技创新工作，并能够结合国内外形势与中国特色社会主义实践，不断丰富和发展创新理论。归纳起来，我国改革开放 40 年的创新发展理论演进过程可以大体分为以下四个阶段：

一、科学技术是第一生产力（1978～1994 年）

创新发展理论可以追溯到 1978 年的全国科学大会。邓小平同志在会上强调了科学技术对四个现代化的关键性作用，并着重阐述了“科学技术是生产力”的马克思主义观点。自此，我国科学技术发展迎来了新的春天。1985 年 3 月发布的《中共中央关于科学技术体制改革的决定》是我国科学技术发展史上又一重要里程碑，它确立了“经济建设必须依靠科学技术、科学技术工作必须面向经济建设”的战略方针，这对于解决“科学技术与经济建设相脱节”问题无疑具有十分重要的指导意义。[①] 此

① 本文的相关正式文件资料来源于中国政府网，下同。

阶段的又一重大科技创新理论当属1988年6月邓小平同志在全国科学大会上的“科学技术是第一生产力”的论断。这一论断将科学技术提升至前所未有的高度，是推动我国科技创新的重要理论基础。

二、科教兴国战略（1995~2005年）

为大幅度提高社会生产力，增强综合国力，提高人民生活水平，确保我国现代化建设三步走战略目标的顺利实现，中共中央、国务院于1995年作出《关于加速科学技术进步的决定》，首次提出科教兴国战略，并强调“实施科教兴国战略，是保证国民经济持续、快速、健康发展的根本措施，是实现社会主义现代化宏伟目标的必然抉择”。1996年，科教兴国战略也正式列入《国民经济和社会发展“九五”计划》之中。1999年，为解决我国经济发展面临的深层问题、进一步提高国民经济整体素质和综合国力、实现跨越式发展，中共中央、国务院作出了《关于加强技术创新发展高科技实现产业化的决定》，强调了企业是技术创新的主体，并加强对技术创新和高新科技成果商品化、产业化的方向和重点的宏观引导。这些重要文件和论断构成科教兴国战略的主要内容。

三、自主创新战略（2006~2011年）

为加快科学技术的发展，缩小与发达国家的差距，中共中央、国务院于2006年发布了《国家中长期科学和技术发展规划纲要（2006~2020年）》，首次将“提高自主创新能力”提升为国家战略，强调把提高自主创新能力摆在全部科技工作的突出位置。同年，为实施《规划纲要》，营造激励自主创新的环境，推动企业成为技术创新的主体，努力建设创新型国家，国务院出台了科技投入、税收激励、金融支持、政府采购等60项配套政策，为自主创新战略的实现提供制度保障。

四、创新驱动发展战略（2012年至今）

面对全球新一轮科技革命与产业变革的重大机遇和挑战，面对经济发展新常态下的趋势变化和特点，在以习近平同志为核心的新一届中央领导集体果断实施创新驱动发展战略。在党的十八大报告中，首次明确提出要实施创新驱动发展战略。为加快实施创新驱动发展战略，深化体制机制改革，中共中央、国务院于2015年3月出台了《关于深化体制机制改革加快实施创新驱动发展战略的若干意见》，对创新驱动发展战略的总体思路等提出了具体意见。同年9月，为打通科技创新与经济社会发展通道，最大限度地激发科技第一生产力、创新第一动力的巨大潜能，中共中央办公厅、国务院办公厅印发了《深化科技体制改革实施方案》，就深化科技体制改革的指导思想、基本原则和具体机制等进行了部署。在此基础上，在2015年10月份的十八届五中全会上，以创新为引领的新发展理念首次被提出，这为中国“十三五”乃至更长时期的创新发展提供了重要的理论基础。

2016年5月，为进一步加快实施创新驱动发展战略，中共中央、国务院印发了《国家创新驱动发展战略纲要》，坚持“紧扣发展、深化改革、强化激励、扩大开放”等基本原则，并提出双轮驱动战略部署，坚持科技创新和体制机制创新两个轮子相互协调、持续发力。党的十九大报告明确指出，中国特色社会主义进入新时代，我国社会主要矛盾已经转化为人民日益增长的美好生活需要和不平衡不充分的发展之间的矛盾。我国经济已由高速增长阶段转向高质量发展阶段，正处在转变发展方式、优化经济结构、转换增长动力的攻关期，建设现代化经济体系是跨越关口的迫切要求和我国发展的战略目标。而创新是引领发展的第一动力，是建设现代化经济体系的战略支撑。这些论断成为新时代指导我国创新发展实践的理论基础。

2020 年 10 月，党的十九届五中全会通过了《中共中央关于制定国民经济和社会发展第十四个五年规划和二〇三五年远景目标的建议》，进一步凸显了创新在经济发展全局中的核心地位。《规划和建议》明确指出，要坚持创新在我国现代化建设全局中的核心地位，把科技自立自强作为国家发展的战略支撑，面向世界科技前沿、面向经济主战场、面向国家重大需求、面向人民生命健康，深入实施科教兴国战略、人才强国战略、创新驱动发展战略，完善国家创新体系，加快建设科技强国。

梳理改革开放以来我国创新发展理论的历史演进过程后不难发现，创新驱动发展战略是对“科学技术是第一生产力”、“科教兴国”战略、“自主创新”战略的继承和发展，是党和人民实践经验和集体智慧的结晶，也是习近平新时代中国特色社会主义思想的重要内容。因此，它也必将成为指引我国未来创新发展的理论基石。

第二节　激励企业技术创新发展的财税政策实践及其变迁过程

改革开放 40 余年来，为支持企业创新发展，我国政府采取了一系列财税政策。在创新驱动发展战略背景下，为更好地发挥财税政策促进企业创新发展的作用，有必要对既有相关财税政策实践及其发展过程进行系统梳理，这不仅有利于明晰我国支持企业创新发展的财税政策演进脉络，而且有利于找寻支持企业创新发展的主要着力点。根据财税政策适用的对象，可以分为普惠性优惠政策与选择性优惠政策。其中，普惠性优惠政策指的是适用于所有地区、所有企业的财税政策，而选择性优惠政策指的是适用于特定地区、行业或者企业的财税政策。

一、普惠性优惠政策

为支持企业创新发展，需要刺激企业加大创新投入。归纳起来，我国支持企业创新发展的普惠性财税政策主要包括以下 4 个方面：

（一）对研发投入的优惠政策

研发投入对企业的技术创新具有决定性作用。为激发企业加大研发投入，我国政府出台了一系列相关财税优惠政策。根据 2009 年新企业所得税法实施条例第九十五条规定，研究开发费用实施加计扣除政策，即在按照规定据实扣除的基础上，按照研究开发费用的 50% 加计扣除。为深化科技体制改革，加快国家创新体系建设，财税〔2013〕70 号文件规定了可纳入研究开发费用进行税前加计扣除的费用范围。国家税务总局公告 2017 年第 40 号文件则对企业的人员人工费用、直接投入费用、折旧费用、无形资产摊销费用和其他相关费用的规集问题做了相关具体规定，这再次扩大了研究费用的扣除范围，进一步激发了企业加大研发投入的热情。为进一步激励企业加大研发投入，支持科技创新，财税〔2018〕99 号文件规定，企业开展研发活动中实际发生的研发费用，未形成无形资产计入当期损益的，在按规定据实扣除的基础上，在 2018 年 1 月 1 日至 2020 年 12 月 31 日期间，再按照实际发生额的 75% 在税前加计扣除；形成无形资产的，在上述期间按照无形资产成本的 175% 在税前摊销。将研发加计扣除比例由 150% 提高至 175%。2021 年，根据财政部、国家税务总局公告 2021 年第 13 号文件的规定，制造业企业开展研发活动中实际发生的研发费用，未形成无形资产计入当期损益的，在按规定据实扣除的基础上，自2021年1月1日起，再按照实际发生额的100%在税前加计扣除；形成无形资产的，自2021年1月1日起，按照无形资产成本的200%在税前摊销。由此，进一步加大了对制造企业的研发加计扣除力度。可见，为推动企业创新发展，加大企业研发投入，我国财税政策对研究费用的内涵范围逐步扩大，加计扣除的比例显著提高，从而使得企业准予税前加计扣除的研究费用显著增加。

（二）对购进先进技术设备的优惠政策

改革开放以来，为鼓励企业购进先进技术设备和进行技术转让，我国政府实施了一系列财税优惠政策。例如，改革开放初期，为鼓励利用外资购进设备，引进先进技术，财税字〔1984〕61号文件规定，对于我国公司、企业购进设备或租赁设备由对方提供贷款的利息征免所得税；1997年，为进一步扩大利用外资，引进国外先进技术和设备，促进产业结构升级，国发〔1997〕37号文件规定，对国家鼓励发展的国内投资和外商投资进口设备免征进口税；2009年，为提高我国企业核心竞争能力和创新能力，振兴装备制造业，财关税〔2009〕55号文件规定，对重大技术装备免征进口关税和增值税；2016年，为推进新常态下信息技术产业实体经济发展，降低税费成本，更好地参与国际竞争，财关税〔2016〕30号文件明确了新型显示器件项目进口设备的进口税收优惠条件，主要采取分期纳税和免征缓税利息和滞纳金等方式。可见，我国政府主要通过免征进口环节税收等财税手段，鼓励企业引进先进技术和提升核心竞争力。

（三）对技术转让的优惠政策

技术转让与技术扩散是促进企业技术创新的重要方式。改革开放以来，我国政府一贯鼓励技术转让，实施了诸多财税优惠政策。例如，为鼓励外国为我国提供新技术、新工艺和先进的科技成果，财税字〔1982〕326号文件规定，对专有技术使用费减征、免征企业所得税；为促进个人科技成果转化为企业所用，国税发〔1999〕125号文件规定，科研机构、高等学校转化职务科技成果以股份或出资比例等股权形式确认的，经主管税务机关审核后，暂不征收个人所得税；国家税务总局公告2015年第82号文件则规定，居民企业的年度技术转让所得不超过500万元，免征企业所得税，超过500万元的部分，减半征收；2016年，为支持国家大众创业、万众创新战略的实施，促进我国经济结构转型升级，财税〔2016〕101号文件完善股权激励和技术入股有关所得税政策，决定实施递延纳税等税收优惠政策。可见，在促进技术转让方面，我国政府的主要财税工具为所得税优惠政策。

（四）对创新人才培养的优惠政策

企业的技术创新离不开创新人才的培养。为促进创新发展，我国政府对创新人才培养采取了一系列财税优惠政策。例如，为配合“211”高校建设，吸引和培养杰出人才，加速高校中青年学科带头人队伍建设，国税函〔1998〕632号文件规定，“长江学者奖励计划”有关个人收入免征个人所得税；类似的，为尊重知识、尊重人才，财税字〔1998〕118号文件规定，对中国科学院中国工程院资深院士津贴免征个人所得税；2011年，为激发广大职工参与建设创新型企业和创新型国家的积极性，推动经济发展方式转变，国税函〔2011〕10号文件规定，全国职工优秀技术创新成果奖奖金免征个人所得税；同年，为奖励长期奋战在工作环境恶劣、生活条件艰苦的地质工作第一线并做出突出贡献的地质科技工作者，国家税务总局公告2011年第68号文件规定，2011年度李四光地质科学奖奖金免征个人所得税；2018年，为鼓励企业加大职工教育投入，满足企业人才及技术储备、研发及科技创新的需求，助力企业改革升级，财税〔2018〕51号文件规定，企业发生的职工教育经费支出，不超过工资薪金总额8%（原政策为2.5%）的部分，准予在计算企业所得税应纳税所得额时扣除。不难看出，为营造“尊重知识、尊重人才”的社会环境，我国财税政策主要对有突出贡献的科技人才奖励所得实施了一系列税收优惠政策。

二、选择性优惠政策

除普惠性优惠政策外，我国政府还出台了诸多针对特定行业与特定企业的财税优惠政策，概括起来主要包括以下6个方面：

（一）针对高新技术企业的优惠

高新技术企业作为提升企业自主创新能力的主要力量，历来受到各级政府的高度重视。我国政府也采取了一系列财税政策推动高新技术企业的发展。为加快我国引进借鉴国外的先进技术，国税发〔1994〕151号文件规定，被认定为高新技术企业的外商投资企业，自其被认定为高新技术企业或新技术企业之日所属的纳税年度起，减按15%税率缴纳企业所得税；其生产经营期在10年以上的，可享受“两免三减半”。为进一步推动技术先进型服务企业的发展，促进企业技术创新和技术服务能力的提升，增强我国服务业的综合竞争力，财税〔2010〕65号文件规定，对经认定的技术先进型服务企业，减按15%的税率征收企业所得税；经认定的技术先进型服务企业发生的职工教育经费支出，不超过工资薪金总额8%的部分，准予在计算应纳税所得额时扣除，超过部分，准予在以后纳税年度结转扣除。类似的文件还有财税〔2014〕59号、财税〔2015〕63号等。2017年，为进一步激励中小企业加大研发投入，支持科技创新，财税〔2017〕34号文件根据是否形成无形资产进行分类，对高科技型的中小企业的研发费用制定了更高比例（加计扣除75%）税前扣除标准。

此外，为支持高新技术企业和科技型中小企业发展，财税〔2018〕76号文件作出了“关于延长高新技术企业和科技型中小企业亏损结转年限”的决定。具体而言，自2018年1月1日起，当年具备高新技术企业或科技型中小企业资格（以下统称资格）的企业，其具备资格年度之前5个年度发生的尚未弥补完的亏损，准予结转以后年度弥补，最长结转年限由5年延长至10年。可见，为支持高新技术企业的发展，我国政府对其主要采取了税率式、税基式与亏损弥补等多种形式的财税优惠政策。

（二）针对集成电路企业的优惠

作为战略性新兴产业的重要组成部分，集成电路企业也成为我国政府财税政策重点扶持的对象。为推动我国集成电路产业的发展，增强信息产业创新能力和国际竞争力，财税〔2000〕25号文件规定，对其增值税实际税负超过6%的部分实行即征即退政策，投资资产的折旧年限可适当缩短等其他优惠政策；2002年，进一步完善集成电路企业发展的有关税收政策问题，财税〔2002〕140号文件规定，国内设计并具有自主知识产权的集成电路产品，因国内无法生产，到国外流片、加工，其进口环节增值税超过6%的部分实行即征即退；2011年，为进一步推动我国软件产业和集成电路产业的发展，增强信息产业创新能力和国际竞争力，国家出台了诸多优惠政策。海关总署公告2011年第30号文件规定，对符合条件的集成电路产业进口有关原材料、设备等免征关税和进口环节增值税；国发〔2011〕4号文件则从增值税优惠和融资方面进一步鼓励软件产业和集成电路产业发展，为集成电路企业提供资金支持；财税〔2011〕107号文件规定，退还集成电路企业采购设备增值税期末留抵税额，解决集成电路重大项目企业采购设备引起的增值税进项税额占用资金问题。2015年，为进一步推动科技创新和产业结构升级，促进信息技术产业发展，财税〔2015〕6号文件规定，集成电路专用设备生产企业，在2017年（含2017年）前实现获利的，自获利年度起，第一年至第二年免征企业所得税，第三年至第五年按照25%的法定税率减半征收企业所得税，并享受至期满为止。2020年，根据《国务院关于印发新时期促进集成电路产业和软件产业高质量发展若干政策的通知》（国发〔2020〕8号）有关要求，为促进集成电路产业和软件产业高质量发展，财政部、国家税务总局、发展改革委、工业和信息化部等部门联合发布公告，内容如下：国家鼓励的集成电路线宽小于28纳米（含），且经营期在15年以上的集成电路生产企业或项目，第一年至第十年免征企业所得税；国家鼓励的集成电路线宽小于65纳米（含），且经营期在15年以上的集成电路生产企业或项目，第一年至第五年免征企业所得税，第六年至第十年按照25%的法定税率减半征收企业所得税；国家鼓励的集成电路线宽小于130纳米（含），且经营期在10年以上的集成电路生产企业或项目，第一年至第二年免征企业所得税，第三年至第五年按照25%的法定税率减半征收企业所得税。2021年，经国务院同意，财政部、海关总署、国家税务总局联合发布“关于支持集成电路产业和软件产业发展进口税收政策的通知”。根据财关税〔2021〕4号文件规定，集成电路生产企业进口符合条件的自用生产性（含研发用，下同）原材料、消耗品、净化室专用建筑材料、配套系统和集成电路生产设备（包括进口设备和国产设备）零配件等免征进口关税。总之，为支持我国集成电路企业的发展，我国政府对其给予了持续性的所得与进口方面税收减免优惠政策。

（三）针对软件企业的优惠

在互联网迅速扩张的时代，软件企业的发展至关重要。因此，我国政府采取了诸多针对软件企业的财税优惠政策。为推动我国软件产业的发展，增强信息产业创新能力和国际竞争力，财税〔2000〕25号文件规定，自2000年6月24日起至2010年底以前，对增值税一般纳税人销售其自行开发生产的软件产品，按17%的法定税率征收增值税后，对其增值税实际税负超过3%的部分实行即征即退政策；进一步优化软件产业发展环境，提高产业发展质量和水平，培育一批有实力和影响力的行业领先企业，国发〔2011〕4号文件规定，从增值税优惠和融资方面进一步鼓励软件产业发展，符合条件的软件企业，经认定后，新办企业自获利年度起，享受企业所得税“两免三减半”优惠政策。符合条件的软件企业的进口料件，符合现行法律法规规定的，可享受保税政策；为进一步推动科技创新和产业结构升级，促进信息技术产业发展，财税〔2012〕27号文件规定，符合条件的软件企业，第一年至第二年免征企业所得税，第三年至第五年按照25%的法定税率减半征收企业所得税，并享受至期满为止。国家规划布局内的重点软件企业，如当年未享受免税优惠的，可减按10%的税率征收企业所得税。可见，我国政府对软件企业的财税扶持主要体现在增值税和企业所得税优惠方面。

（四）针对小微企业的优惠

作为国民经济发展的生力军，小微企业在稳定经济增长、扩大民生就业、激发创新创业等方面发挥着极为重要的作用。因此，出台针对小微企业的财税优惠政策就成为推动“创新创业”的应有之义。2009年，为有效应对国际金融危机，扶持中小企业发展，财税〔2009〕133号文件规定，自2010年1月1日至2010年12月31日，对年应纳税所得额低于3万元（含3万元）的小型微利企业，其所得减按50%计入应纳税所得额，按20%的税率缴纳企业所得税；为了进一步支持小型微利企业发展，财税〔2011〕117号文件规定，自2012年1月1日至2015年12月

31日，对年应纳税所得额低于6万元（含6万元）的小型微利企业，其所得减按50%计入应纳税所得额，按20%的税率缴纳企业所得税；为了进一步支持小型微利企业发展，财税〔2014〕34号文件规定，自2014年1月1日至2016年12月31日，对年应纳税所得额低于10万元（含10万元）的小型微利企业，其所得减按50%计入应纳税所得额，按20%的税率缴纳企业所得税；在此基础上，财税〔2014〕34号文件、财税〔2015〕34号文件则分别将年应纳税所得额标准提升至20万元与30万元。2017年，为进一步支持小型微利企业发展，国家税务总局公告2017年第23号文件规定，自2017年1月1日至2019年12月31日，将小型微利企业的年应纳税所得额上限由30万元提高至50万元，对年应纳税所得额低于50万元（含50万元）的小型微利企业，其所得减按50%计入应纳税所得额，按20%的税率缴纳企业所得税。2019年，财税〔2019〕13号文件规定，对小型微利企业年应纳税所得额不超过100万元的部分，减按25%计入应纳税所得额，按20%的税率缴纳企业所得税；对年应纳税所得额超过100万元但不超过300万元的部分，减按50%计入应纳税所得额，按20%的税率缴纳企业所得税，进一步加大了对小微企业的优惠力度。2021年，财政部、国家税务总局公告2021年第12号规定，对小型微利企业年应纳税所得额不超过100万元的部分，在《财政部税务总局关于实施小微企业普惠性税收减免政策的通知》（财税〔2019〕13号）第二条规定的优惠政策基础上，再减半征收企业所得税。此外，财税〔2013〕52号文件明确，自2014年10月1日至2015年12月31日，对月销售额2万元至3万元的增值税小规模纳税人和营业税纳税人，免征增值税或营业税。根据财税〔2019〕13号文件与财政部、国家税务总局公告2021年第11号公告，自2021年4月1日至2022年12月31日，对月销售额15万元以下（含本数）的增值税小规模纳税人，免征增值税，这将进一步支持小微企业发展。不难看出，我国政府对小微企业的扶持力度不断加大，享受税收优惠的企业越来越多，这与推动“大众创业、万众创新”政策相互配合。

（五）针对研发机构与大学科技园的优惠

研发机构与大学科技园作为创新发展的重要组成部分，也成为财税政策鼓励和支持的重要对象。为了鼓励社会公益类科研事业的发展，财税〔2001〕5号文件规定，非营利性科研机构取得的技术相关收入享受税收优惠，同时免征房产税，城镇土地使用税，研发经费可税前扣除；2003年，为了鼓励技术创新，大力发展高科技，实现产业化，进一步促进科研机构转制改革，财税〔2003〕137号文件规定，134个科研机构中转为企业的科研机构和进入企业的科研机构，从转注册制之日起，5年内免征科研开发自用土地的城镇土地使用税、房产税和企业所得税，并且对它们取得的收入给予其他的优惠；财税〔2011〕88号文件则规定，对外资研发中心进口科技开发用品免征进口关税和进口环节增值税、消费税（以下统称进口税收），继续对内资研发机构和外资研发中心采购国产设备全额退还增值税；为深入贯彻落实党中央、国务院关于创新驱动发展战略有关精神，发挥科技创新在全面创新中的引领作用，财关税〔2016〕71号文件规定，对各类科研院所，高等学校和国家工程研究中心给予免税进口有关物品的资格。2021年，财政部、海关总署、国家税务总局联合发布“关于‘十四五’期间支持科技创新进口税收政策的通知”。根据财关税〔2021〕23号文件规定，对科学研究机构、技术开发机构、学校、党校（行政学院）、图书馆进口国内不能生产或性能不能满足需求的科学研究、科技开发和教学用品，免征进口关税和进口环节增值税、消费税。可见，为支持科研机构的科研事业，我国财税政策在采购相关设备、机构用地等方面给予了大量税收优惠。

（六）针对创新示范区的优惠

创新示范区作为创新驱动发展的引领区，成为我国财税工具施策的重要对象。早期的政策主要针对高新开发区。例如，为了办好高新技术开发区，加快高新技术产业的发展，国发〔1991〕12 号文件规定，对国家高新技术产业开发区实行 15% 的税收优惠税率；为工业园区的企业减少税收负担，财税政字〔1996〕155 号文件规定，对中新苏州工业园区开发有限公司开发建设用地免征耕地占用税；为鼓励科技园软件企业的发展，国税发〔1999〕156 号文件规定，对中关村科技园区软件开发生产企业实施增值税 6% 的优惠政策。2005 年之后，相关优惠政策则主要针对示范区。例如，为鼓励示范区企业加大职工教育经费投入，财税〔2010〕82 号文件规定，对示范区内的科技创新创业企业发生的职工教育经费支出，不超过工资薪金总额 8% 的部分，准予在计算应纳税所得额时扣除，超过部分，准予在以后纳税年度结转扣除；为鼓励大众创业，万众创新，财税〔2015〕116 号文件规定，从抵扣应纳税所得额，技术转让减半或免征转增股本分期缴纳，将国家自主创新示范区有关税收试点政策推广到全国范围实施；为推广中关村国家自主创新示范区税收试点政策，财税〔2015〕62 号文件则规定，从股权奖励个人所得税，技术转让所得企业所得税和企业转增股本个人所得税等方面给予创新示范区税收优惠。为支持海南自由贸易港建设，财税〔2020〕32 号文件规定，对在海南自由贸易港工作的高端人才和紧缺人才，其个人所得税实际税负超过 15% 的部分，予以免征。总之，无论是高新开发区还是创新示范区，为打造创新高地，我国政府在耕地占用税、企业所得税、个人所得税等方面采取了一系列税收优惠政策。

第三节　本章小结

改革开放40余年来，我国历届政府从未间断过对创新发展的探索与实践。财税政策作为政府进行宏观调控的主要工具，在促进企业创新发展方面发挥着重要作用，相关政策也在不断完善中。基于此，有必要对我国的创新发展理论和支持企业创新发展的财税政策实践进行系统梳理与总结。

本章首先对我国政府自1978年以来关于创新发展的理论进行梳理与总结，将我国40余年创新发展理论大体分为“科学技术是第一生产力”、“科教兴国”战略、“自主创新”战略、“创新驱动发展”战略等四个阶段，并认为，创新驱动发展战略是对“科学技术是第一生产力”“科教兴国”战略、“自主创新”战略的继承和发展。然后，通过手工收集与整理相关政策法规文件，对我国支持企业创新发展的财税政策实践展开系统梳理，将其分为普惠性优惠政策与选择性优惠政策。研究发现，目前我国支持企业创新发展的财税政策主要以选择性优惠政策为主。

为更好地发挥财税政策在驱动创新发展方面的重要作用，应当以习近平新时代中国特色社会主义思想为指导，以建设现代化经济体系与创新型国家为目标，深入贯彻与落实党的十九大、十九届五中全会精神，不断优化和调整我国的财税激励政策，充分发挥它们在提升企业创新能力中的积极作用。在系统梳理现行激励创新发展的财税政策基础上，我们认为应当特别注意以下两个基本原则：（1）坚持企业的创新主体地位原则。在实施创新驱动发展战略中，要坚持企业的创新主体地位，这不仅是落实党的十八届三中全会“让市场在资源配置中起决定性作用”的具体要求，而且也是财税支持企业创新发展的必要前提。换言之，由于技术创新领域存在市场失灵，这为政府利用财税手段支持企业创新提供了合意性，但这并不否认企业的创新主体地位。在采取财税补贴与税收优惠时，不应当让政府替代市场，更不应当让政府成为创新的主导与主体，而应当坚持让企业成为创新的主体。总之，在利用财税政策促进创新发展过程中，创新的主体必须是而且也应当是企业，政府更多地扮演着促进者与协调者的角色。

(2) 坚持动态调整原则。近年来，学者们对选择性产业政策批评较多，认为包括财税补贴在内的选择性产业政策是一种直接干预市场、替代市场的政策，应当转换为市场友好型的功能性产业政策。但事实上，在给定政府具有发展导向的前提下，选择性产业政策在多大程度上有效，取决于该国的发展阶段。因此，我们认为，不应当以财税政策的当前无效率或者负面效应去否定过去财税政策的积极性。在不同发展阶段，扶持企业创新发展的财税政策方式和内容应当不断调整。换言之，在利用财税政策支持我国企业创新发展过程中，应当根据发展阶段和产业（行业）发展的变化，适时调整政策的对象与力度。

第四章　政府补贴与企业技术创新

第一节　引　言

创新驱动发展已上升为国家战略。“十四五”规划明确提出，坚持创新在我国现代化建设全局中的核心地位，且需强化企业创新的主体地位，促进各类创新要素向企业集聚。然而，以研发投资为核心的企业创新行为具有外部性（Nelson，1959；Arrow，1962；Bloom et al.，2019），且研发投资领域存在严重的信息不对称与融资不足问题（Hall & Lerner，2010；Zuniga - Vicente et al.，2014），这就构成政府补贴企业创新行为的基本理论依据。从实践来看，包括发达国家与发展中国家在内的世界各国普遍对企业研发投资等创新领域进行大规模补贴，只不过有的比较“明显”，有的比较“隐匿”（Zuniga - Vicente et al.，2014；Bronzini & Piselli，2016；Bloom et al.，2019；刘尚希等，2019；安同良、千慧雄，2021）。因此，如何调整和优化政府补贴政策，以更好发挥政府在促进企业创新中的作用，具有十分重要的理论与现实意义。

尽管各方都认同政府补贴的必要性，但无论是基于研发投入视角，还是从研发产出维度，学界关于政府补贴对企业创新的有效性远未达成共识，相关争议持续发酵，这必然给政府补贴政策的优化和调整方向带来困扰。首先，在研发投入方面，部分学者研究发现，政府补贴显著促进了企业的研发投入（Almus & Czarnitzki，2003；朱平芳、徐伟民，2003；Aerts & Schmidt，2008；陆国庆等，2014；柳光强，2016；尚洪涛、黄晓硕，2019），从而支持了“挤入假说”；但部分学者却研究发现，政府补贴对企业研发投入产生了负向或者不显著的影响，进而验证了“挤出假说”（Busom，2000；Wallsten，2000；张杰等，2015；童锦治等，2018）。此外，还有部分学者认为政府补贴与企业研发投入的关系为非线性（Görg & Strobl，2007；毛其淋、许家云，2015；Marino et al.，2016；张杰，2020）。其次，在研发产出方面，Guerzoni & Raiteri（2015）、杨洋等（2015）、Bronzini & Piselli（2016）、Howell（2017）等学者从专利申请与新产品视角，研究发现，政府补贴对企业研发产出具有显著的正向影响；但陈林、朱卫平（2008）、Acemoglu et al.（2018）、白旭云等（2019）等学者却得出“政府补贴并未促进企业的创新产出”的基本结论。

不难看出，既有相关研究结论分歧较大。产生分歧的原因固然包括研究对象、研究数据与研究方法等方面的不同。除此之外，政府补贴固有的异质性可能也是重要原因之一（Zuniga－Vicente et al.，2014）。事实上，政府补贴的类型丰富、种类繁多、范围广泛。例如，在中国，除了研发补贴等创新类补贴外，还广泛存在着诸如纳税大户、拆迁补偿、污水处理、财政贴息等非创新类补贴（李万福等，2017；郭玥，2018）。而这些不同类型的政府补贴在政策目标与项目管理等方面存在明显差异，进而对企业创新产生不同影响。然而，遗憾的是，国内的绝大多数文献并未考虑政府补贴的这种异质性，而是简单地将企业创新对政府补贴总额进行回归分析。根据笔者掌握的文献，目前仅有李万福等少数学者考虑了政府补贴的异质性。但这些文献尚未从理论上系统阐述政府补贴异质性影响企业创新的内在逻辑，而且相关研究结论不一。例如，彭红星和王国顺（2018）利用高科技公司数据，研究发现，创新补贴降低了企业全要素生产率和创新能力，但吴伟伟和张天一（2021）基于中小板和创业板新创企业数据，研究发现，研发补贴对创新产出具有倒U形影响。此外，同样基于A股上市公司数据，李万福等（2017）与郭玥（2018）却得出明显不同的研究结论。为此，相关研究尚需系统而深入地开展。

本章首先从理论上系统阐述创新补贴与非创新补贴对企业研发投入和研发产出影响的内在机理，并在此基础上提出研究假说。随后，鉴于制造业企业在技术创新中的主体与独特地位（吴延兵、米增渝，2011；安同良等，2020），以制造业企业为研究对象，在充分考虑研究数据的可比性问题后，基于上市公司2012～2020年的非平衡面板数据，刻画政府补贴异质性的特征化事实，并在此基础上实证分析政府补贴异质性对企业研发投入与研发产出的非对称效应。研究发现，除创新补贴外，政府补贴中还存在大量的非创新补贴。实证分析结果显示，创新补贴和非创新补贴均对企业研发投入产生了显著的正向影响，但创新补贴的效应大于非创新补贴效应；创新补贴对企业研发产出产生明显的促进作用，但非创新补贴并未显著影响企业的研发产出。考虑双向因果关系的工具变量估计和其他稳健性估计同样支持了不同类型政府补贴的非对称创新效应假说。

本章的边际贡献主要体现为三个方面：一是从理论上厘清政府补贴异质性对企业创新的非对称影响机制；二是区分创新补贴与非创新补贴，并分别实证分析它们对企业研发投入和研发产出的非对称效应；三是以制造业企业为研究对象，并充分考虑研究数据的可比性问题，最终选择2012～2020年的制造业上市公司数据，从而有助于厘清研究对象与研究数据导致的研究结论差异性。本章的研究结论不仅有助于回应既有相关研究结论的争议性，而且能够为调整和优化政府补贴政策，更好发挥政府在提升企业技术创新能力方面的作用提供证据与参考。

第二节　理论分析与研究假说

研发投资的外部性及其导致的市场失灵是政府支持研发活动的主要依据（Nelson，1959；Arrow，1962；Bloom et al.，2019）。此外，研发投资面临着严重的信息不对称问题，而且难以通过信息披露加以缓解（Hall & Lerner，2010），因为发明思想（inventive idea）极易遭到模仿，故而企业不愿意将创新性的思想披露给市场，特别是它们潜在的竞争者（Bhattacharya & Ritter，1983），从而导致出现企业研发信息披露不足与融资困难的问题（王刚刚等，2017）。因此，尽管政府的创新支持政策并非都是有效的，但是几乎所有的国家都采取了政府支持措施（Zuniga－Vicente et al.，2014；Bronzini & Piselli，2016；Bloom et al.，2019）。政府补贴是其中的主要手段之一。

政府补贴主要通过资源属性与信号传递两个渠道影响企业的研发投入。首先，政府补贴作为政府无偿提供的资金，可以直接投入企业的研发活动，降低企业创新的边际成本和不确定性，进而激励企业增加研发投入（Almus & Czarnitzki，2003；González & Pazó，2008；杨洋等，2015；王刚刚等，2017；郭玥，2018）；其次，政府补贴作为一种利好投资的信号传递给私人投资者，让企业贴上被政府认可的标签，进而帮助企业降低融资成本和获得其他创新资源，缓解研发投入过程中的资金约束问题（Lach，2002；Feldman & Kelley，2006；Kleer，2010；柳光强，2016；吴伟伟、张天一，2021）。可见，无论是创新补贴还是非创新补贴，均能通过直接的资源属性渠道和间接的信号传递渠道，促进企业的研发投入。

与此同时，创新补贴与非创新补贴对企业研发投入的影响程度可能会存在一定差异。首先，在成本降低方面，创新补贴属于专项补贴，能够直接降低企业的研发投入成本和不确定性，而非创新补贴虽然也能够缓解企业的资金压力，但主要用于非研发活动，因此，创新补贴能够产生更大的研发成本降低效应（Lee，2011）；其次，在信号传递方面，尽管政府补贴都能够在一定程度上向外界传递被认可的信号，但诸如 R&D 补贴等创新补贴能够释放基于政府信用的技术认证和监管认证双重信用认证信号，使得市场投资者基于对政府评估的信任而给予企业更高的信用认可（王刚刚等，2017），因而传递的被认可信号要强于非创新补贴。因此，创新补贴对企业研发投入的影响效应要强于非创新补贴。

综上所述，创新补贴和非创新补贴均能够通过资源属性与信号传递促进企业的研发投入，但在影响效应方面，由于创新补贴具有明确的研发活动目标和更强的认证信号，因而能够产生更大的影响效应。基于以上分析，本章提出如下假说：

假说 1：创新补贴与非创新补贴均对企业研发投入产生促进作用，但创新补贴的影响效应更大。

尽管研发投入对技术创新至关重要，但其反映的仅仅只是创新过程中的投入面。研发投入能否顺利转化为研发产出、研发投入转化为研发产出的程度，还受到其他诸多因素的影响（吴延兵，2007）。因此，尽管创新补贴与非创新补贴均能够促进企业研发投入，但它们对企业研发产出的影响效应可能存在明显差异，主要理由如下：

首先，在补贴政策目标方面，创新补贴与非创新补贴的目标存在明显差异。政府对企业提供创新补贴的初衷是鼓励企业进行技术创新，提升本地或国家的创新水平（余明桂等，2010；曾萍等，2014），这种明确的研发产出目标会对获得创新补贴的企业形成一种硬约束，并能够促进企业研发产出水平的提升。但是，非创新补贴并未对企业的研发产出做出硬性约束，因为诸如纳税大户、招商引资、拆迁补偿等补贴的目的主要是提高社会效应和非创新的经济效应而考虑的。在不同政策目标的指引下，创新补贴与非创新补贴对企业研发产出的影响效应将呈现出明显的差异。

其次，在补贴项目管理方面，创新补贴与非创新补贴项目的规范程度存在显著不同。非创新补贴项目主要是基于地方经济发展和社会稳定而设立的，地方政府的非创新补贴支出也没有受到明确的法律和制度规范约束。因此，一方面，地方政府官员在决定向企业提供这种补贴时具有很强的自由裁量权（余明桂等，2010）；另一方面，企业对非创新补贴资金的使用具有很大的随意性，在信息不对称情形下，政府部门也难以监管企业非创新补贴资金的用途（姚东旻、朱泳奕，2019），因此，非创新补贴难以有效促进企业的研发产出。与之形成鲜明对比的是，创新补贴项目的申请和管理十分严格。一方面，创新补贴项目的获取需要经历科学严密的项目筛选论证程序，要对企业的技术创新能力水平以及申请补助项目的技术要素、发展前景、经济贡献等多个方面进行综合考察和评估（郭玥，2018），因而能够产生较大的叠加效应（Lee，2011），因为如果政府资助的项目对企业而言是市场前景光明、技术上可承受的（technologically affordable），那么，政府创新补贴与企业自身的研发投入将形成互补性；另一方面，企业在获得创新补贴项目后，其资金使用范围受到严格管理，必须严格用于研发领域。此外，政府还对创新补贴项目实行严格的动态跟踪管理，并设立明确的研发产出目标。因此，在严格的项目管理制度约束与较大的监管压力下，企业必须高质量完成研发产出任务。换言之，创新补贴不仅促进企业加大研发投入，而且有助于企业致力于提升研发投入效率与企业研发产出水平。

最后，在政治关联程度方面，创新补贴与非创新补贴项目的获取受政治关联的影响程度不同。创新补贴项目的申请与管理较为公开透明，因而受政治关联的影响较小。而非创新补贴项目由于未受到明确法律制度的约束，管理的规范性较差，因而受到政治关联的显著影响。余明桂等（2010）、袁建国等（2015）等研究发现，有政治关联的企业获得了更多的非创新补贴。然而，因政治关联而获取的非创新补贴可能会导致企业行为趋于短期化，对技术进步、提高产出效率缺乏足够的热情和动力（余明桂等，2016）。因为政治关联在给企业带来诸多益处的同时，却削弱了企业在核心能力方面的努力（杨其静，2011），例如，为维护政治关联，耗费了企业家大量的精力和资源，诱使企业进入非核心业务领域以及扭曲企业的组织与激励机制等。可见，因受政治关联的影响程度不同，创新补贴与非创新补贴对企业研发产出的效应将明显不同。创新补贴因受政治关联的影响较小，因而能够助力企业进行核心能力建设，不断提升技术创新水平；而非创新补贴受政治关联的影响较大，并进一步导致研发投入产出效率低下，从而无法真正促进企业研发产出水平的提升。

综上所述，创新补贴与非创新补贴在政策目标、项目管理和政治关联程度等方面存在明显的差异，并导致它们对企业研发产出具有明显的非对称效应。基于以上分析，本章提出如下假说：

假说 2：创新补贴对企业研发产出具有促进作用，但非创新补贴对企业研发产出的影响不显著。

第三节　企业技术创新与政府补贴的特征化事实

一、企业技术创新的特征化事实

为厘清中国制造业上市公司的技术创新典型特征，本节分别从研发强度和研发产出两个维度，对样本范围内的企业创新特征化事实展开分析。安同良等（2006）指出，企业创新的差异主要体现在所有制、规模和行业等三个方面。有鉴于此，本节主要从上述三个方面，对中国制造业上市公司的企业创新特征化事实进行分析。

首先，在所有制方面，根据实际控制人属性，将样本企业划分为国有与非国有企业。图4－1显示，不同企业性质的研发强度存在显著差异。在本样本范围内，非国有制造业上市企业的研发强度明显高于国有企业。平均而言，非国有企业的研发支出占营业收入的比重约为4.53%，而国有企业的对应比重约为3.32%，前者比后者高出约36%。可见，我国制造业上市公司在研发投入方面体现出明显的属性特征，非国有企业的研发强度显著高于国有企业的研发强度。

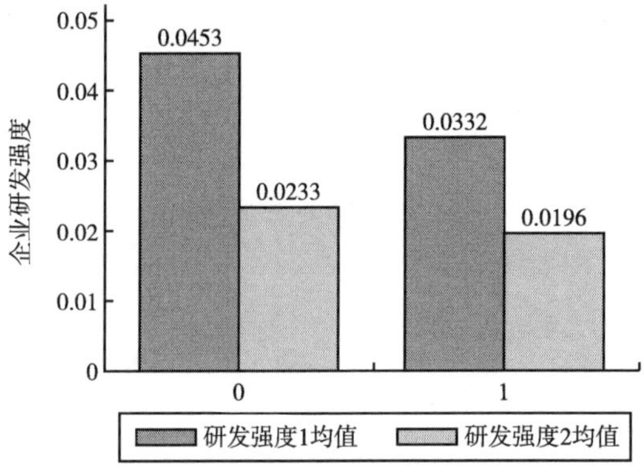

图4－1　不同企业性质的研发强度对比

注：“1”表示国有企业；“0”表示非国有企业；研发强度1＝研发支出/营业收入；研发强度2＝研发支出/总资产，下同。

然而，与研发强度不同的是，从研发产出的绝对值来看，国有企业的专利产出明显高于非国有企业。图4－2显示，平均而言，国有企业的专利数量是非国有企业的2.2倍左右。类似的，国有企业的发明专利数量是非国有企业的2.0倍左右。究其原因，我们认为，这可能主要是规模因素所引致的。我们都知道，平均而言，中国的国有企业规模显著大于非国有企业，因此，从绝对数量来看，国有企业的研发产出会高于非国有企业。此外，无论是国有企业还是非国有企业，专利数量远远高于发明专利数量。例如，在国有企业中，专利数量是发明专利数量的3.3倍左右；在非国有企业中，专利数量是发明专利数量的3.0倍左右。这表明，在我国制造业企业的专利申请数量中，非发明专利的占比依然较高，因此，我国制造业企业的专利质量还有待进一步提升。

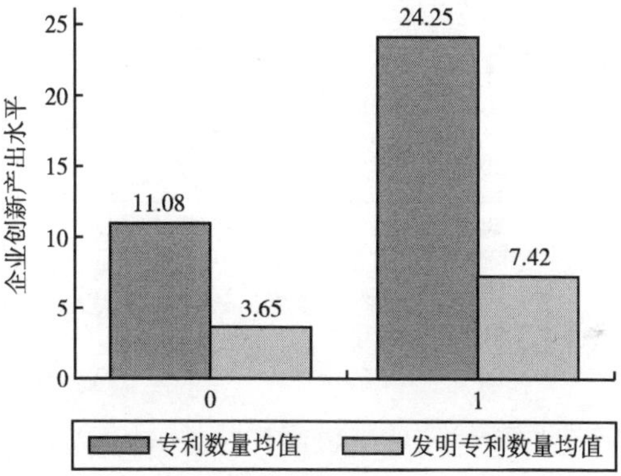

图4-2　不同企业性质的研发产出水平对比

注："1"表示国有企业；"0"表示非国有企业。

其次，在企业规模方面，根据国家统计局关于《统计上大中小微型企业划分办法（2017）》的通知，本研究将企业划分为大型企业与中小型企业。具体而言，将营业收入超过4亿元的企业定义为大型企业，其余定义为中小型企业。需要说明的是，本研究之所以将中型与小微型合并为中小型企业，主要是因为研究样本为上市公司，小微型企业的数量十分有限。①

① 在本研究样本中，营业收入小于2000万元的仅有17个样本值。

图 4 – 3 表明，企业规模是研发强度的重要影响因素。平均而言，中小型企业的研发强度显著高于大型企业的研发强度。在本研究样本中，大型企业的研发支出占营业收入的比重约为 3.92%，而中小型企业的该比重约为 6.44%。

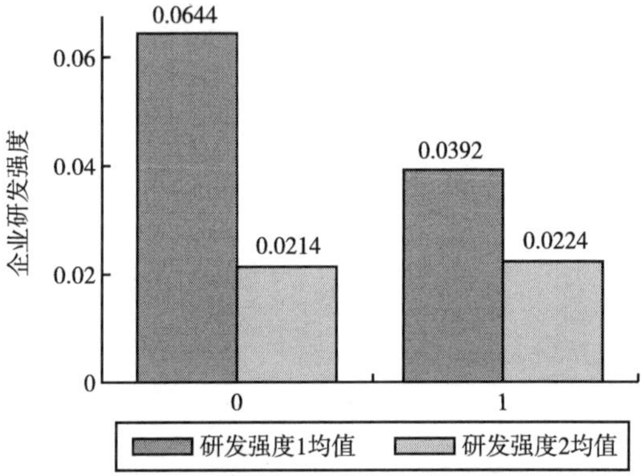

图 4 – 3　不同企业规模的研发强度对比

注："1" 表示大型企业；"0" 表示中小型企业。

在研发产出方面，企业规模同样是关键因素。图 4 – 4 表明，大型企业的研发产出显著高于中小型企业。平均而言，大型企业的专利数量为 16 项，而中小型企业的专利数量仅为 4.43 项；类似的，大型企业的发明专利数量为 5.07 项，而中小型企业的专利数量仅为 1.68 项。可见，中国制造业上市公司的数据强烈支持熊彼特假说，即大型企业拥有更多的专利行为，更具创新性。

最后，在行业方面，根据国家统计局（2017）关于高技术产业（制造业）分类标准，将研究样本分为高技术企业和中低技术企业。具体而言，高技术企业包括医药制造，航空、航天器及设备制造，电子及通信设备制造，计算机及办公设备制造，医疗仪器设备及仪器仪表制造，信息化学品制造等 6 大类企业。除此之外的定义为中低技术企业。

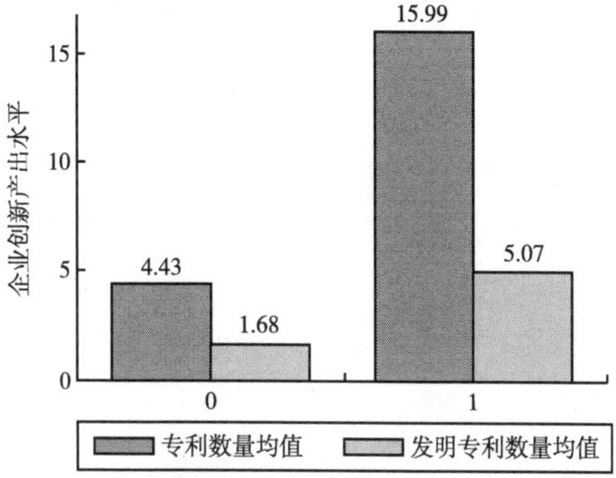

图 4-4　不同企业规模的研发产出水平对比

注："1" 表示大型企业；"0" 表示中小型企业。

图 4-5 显示，在不同技术水平的企业之间，企业的研发强度差异明显。与直觉和预期一致，平均而言，高技术企业的研发强度显著高于中低技术企业的研发强度。以研发支出占营业收入比重为例，高技术企业的研发强度均值为 6.04%，而中低技术企业的研发强度仅为 3.47%。

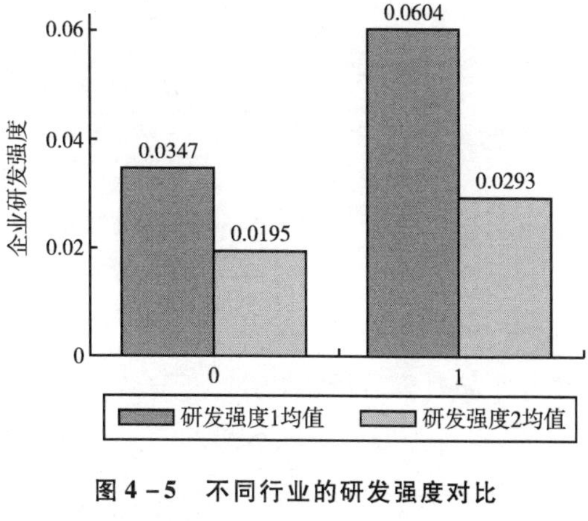

图 4-5　不同行业的研发强度对比

注："1" 表示高技术企业；"0" 表示中低技术企业。

与研发强度类似，与中低技术企业相比，高技术企业在研发产出方面同样显现出明显的优势。图 4 -6 表明，高技术企业的专利数量与发明专利数量均值都显著高于中低技术企业。具体而言，高技术企业的专利数量均值为 19. 46 项，而中低技术企业的该数值为 12. 90 项；高技术企业的发明专利数量均值为 6. 55 项，而中低技术企业的该数值为 3. 98 项。有趣的是，对比规模与行业差异，不难发现，企业的研发产出规模差异要大于行业差异。

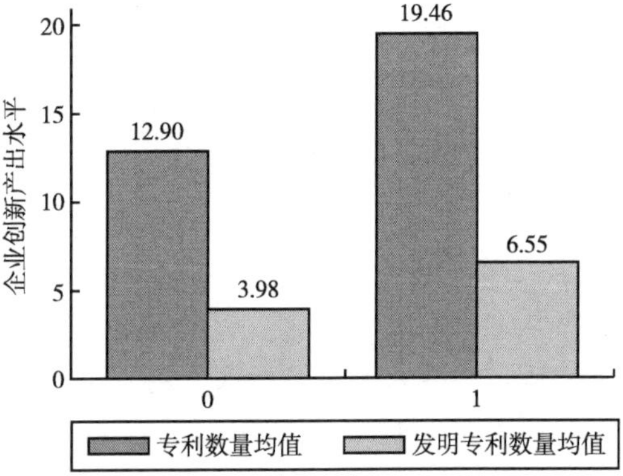

图 4 -6　不同行业的研发产出水平对比

注：“1” 表示高技术企业；“0” 表示中低技术企业。

二、政府补贴的特征化事实

在刻画企业获得的政府补贴事实时，不仅要关注总量，而且要注意结构。原因在于，在企业获得的各类政府补贴中，存在大量非创新类补贴，例如纳税大户奖励、招商引资奖励等。有鉴于此，本节通过文本分析法，将政府补贴进一步划分为创新补贴与非创新补贴，[①] 并在此基础上呈现不同性质、规模与行业的中国

① 具体做法请参照数据来源与说明的相关内容。

制造业上市公司政府补贴特征化事实。

图 4-7 给出了制造业企业在样本期间的政府补贴均值情况。结果显示，制造业企业的政府补贴均值为 4500 万元，其中，创新补贴的均值仅为 1100 万元，而非创新补贴的均值高达 3400 万元，后者是前者的 3 倍之多。可见，在我国制造企业获得政府补贴中，除了研发补贴等创新补贴外，还存在着数量庞大的非创新补贴。这也意味着，简单以政府补贴总额代替创新补贴进行回归分析，将产生较大的噪声，因为政府补贴中混杂了大量的非创新补贴。

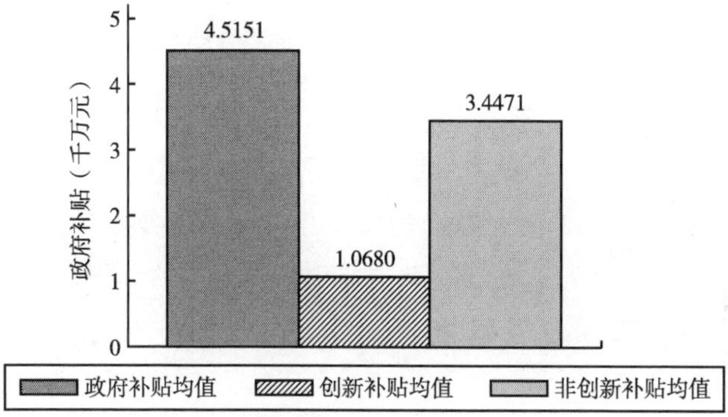

图 4-7　2012～2020 年制造业 A 股上市公司获得的政府补贴均值情况

资料来源：作者计算整理。

图 4-8 的分企业性质政府补贴图显示，从绝对数量来看，国有企业获得的政府补贴均值远高于非国有企业，前者大约是后者的 3 倍。这表明，在政府补贴的分配过程中，国有企业获得了明显的青睐。这一方面得益于国有企业与政府部门之间的天然政治关联关系，进而更容易获取政府补助；另一方面也可能因为其承担了大量的社会行政负担，因而需要更多的政府补助。

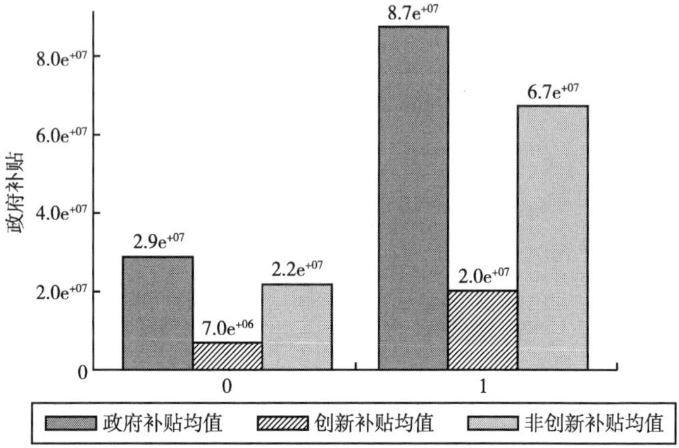

图 4－8　不同企业性质的政府补贴对比

图 4－9 给出了不同企业规模的政府补贴均值情况。结果显示，大型企业获得的政府补贴规模要显著大于中小型企业。具体而言，大型企业的政府补贴均值是中小型企业均值的 6.46 倍，相应的，大型企业的创新补贴与非创新补贴均值分别是中小型企业均值的 4.29 倍与 7.65 倍。由此可知，不同规模企业获得的政

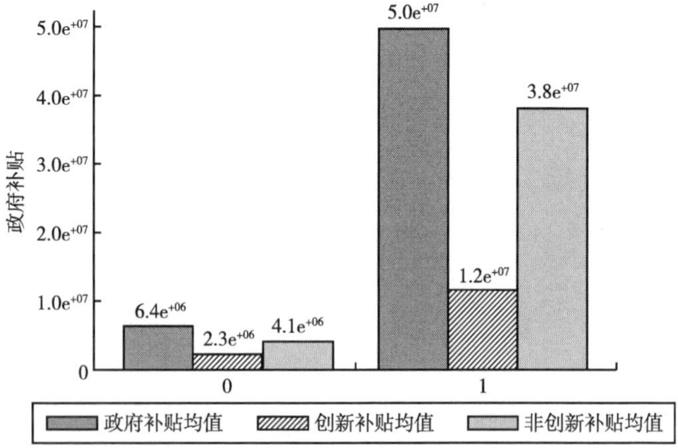

图 4－9　不同企业规模的政府补贴对比

注："1" 表示大型企业；"0" 表示中小型企业。

府补贴存在显著差异。值得指出的是，在不同企业规模的补贴差异中，创新补贴的差异与非创新补贴的差异也存在明显不同，即不同规模企业获得的非创新补贴差异明显大于创新补贴差异。

从不同技术水平的行业来看，图 4－10 的结果显示，与中低技术行业的企业相比，高技术行业的企业获得了更多的政府补贴。从绝对数量来看，高技术企业的政府补贴均值为中低技术企业均值的 1.18 倍，进一步的，创新补贴与非创新补贴均值在二者之间的比值分别为 1.4 倍与 1.12 倍。这表明，从绝对数量来看，高技术行业企业与中低技术行业企业的创新补贴差异明显高于非创新补贴差异。

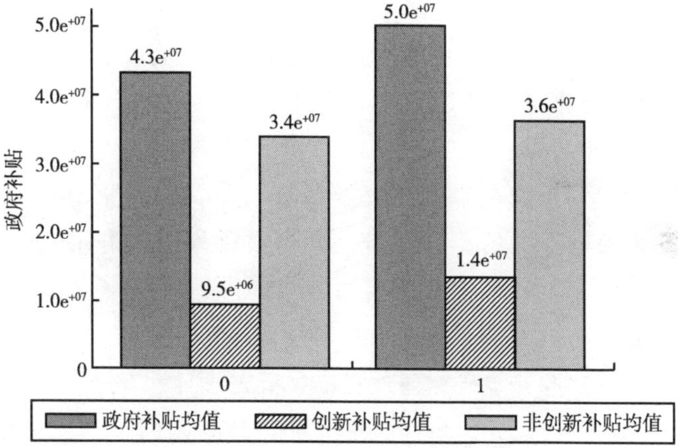

图 4－10　不同行业的政府补贴对比

注：“1”表示高技术企业；“0”表示中低技术企业。

第四节　实证分析与讨论

一、数据来源与说明

制造业是立国之本、强国之基，也从根本上决定着一个国家的综合实力与国际竞争力。鉴于制造业企业在我国技术创新中的主体与独特地位（吴延兵、米增渝，2011；安同良等，2020），本研究以制造业上市公司为样本，并将样本期间限定为2012～2020年。原因在于，有学者通过数据匹配发现，2012年以前的上市公司研发支出数据披露不完全，低估了制造业上市公司进行研发活动的比例（龙小宁、林志帆，2018；童锦治等，2018）。原始数据主要来源于国泰安中国经济金融研究数据库（CSMAR）与万德（Wind）数据库。值得指出的是，上述研究对象与研究数据的科学选取，是本研究区别于既有相关研究的又一个重要方面。

参照既有研究的通行做法，对数据进行了如下处理：（1）剔除ST类公司样本；（2）剔除关键变量缺失的样本；（3）为减轻异常值对估计结果的影响，对所有连续变量进行了1%和99%百分位的缩尾处理。最终，本研究得到了包含2194家公司的12680个研究样本。

其中，创新数据来源于“上市公司研发创新”子库；上市公司获得政府补贴的信息摘自公司年报财务报表附注“营业外收入”科目下的“政府补助明细”。然而，需要指出的是，财务报表中的“政府补助明细”并未区分创新补贴与非创新补贴。为解决这一问题，本研究通过文本分析方法对政府补助明细进行关键词检索，进而确定创新补贴与非创新补贴的条目及其金额。本研究借鉴Chen等（2018）、郭玥（2018）和吴伟伟、张天一（2021）等学者的相关思路，确定创新补贴“关键词”的步骤如下：（1）从中国科技部官网找寻与技术创新相关的文件，例如财教〔2006〕159号、国办〔2018〕126号、国科建议火〔2017〕115号等，并从中提取“科技”“科研”“科技成果”“863”等60余个关键词；（2）从中国工业和信息化部官网找寻与创新行业相关的文件，例如《一图读懂提高企业创新能力工作部署》等，并从中提取“动力电池”“人工智能”“5G通信”等30余个关键词；（3）从地方科技局（委）找寻专项创新计划相关文件，[①] 例如“深港创新圈”计划、上海“浦江人才”计划、杭州“蒲公英”计划等，并从中提取“科技专项”“创新创业团队”“科技领航”“准独角兽”“基础科学”等20余个关键词。

二、变量定义与描述

（一）企业技术创新

目前学术界对企业技术创新测度已形成共识的有两大类基本指标，即研发投入为代表的创新的起点和以专利申请为代表的创新的终点（安同良等，2020）。在研发投入方面，借鉴既有文献的做法（郭玥，2018；顾夏铭等，2018；吴伟伟、张天一，2021），以研发支出占营业收入的比重衡量企业研发强度。与此同时，在稳健性检验分析中，以研发支出占总资产的比重衡量企业研发强度。在研发产出方面，学者们一般认为，专利申请量比授予量更能真实反映创新水平，因为专利授予需要检测和缴纳年费，存在更多的不确定性和不稳定性（黎文靖、郑曼妮，2016）。因此，本研究以专利申请量衡量企业研发产出，以发明专利衡量企业的研发产出质量。参照既有文献的通行做法，为削弱被解释变量数值过大引致的异方差和估计系数过小等问题的干扰，对专利数量和发明专利数量加1后取自然对数（顾夏铭等，2018）。

（二）创新补贴与非创新补贴

根据前文所述的“关键词”提取法获得企业的创新补贴金额，并在此基础上考虑企业规模对创新补贴的影响，故以创新补贴金额占营业收入的比重衡量创新补贴。出于稳健性考虑，本研

---

① 鉴于上市公司具有明显的地域集中特征，本文在搜索地方城市相关文件时，根据制造业上市公司，选取排名前10的城市作为代表。该10个城市分别为深圳、上海、北京、杭州、苏州、广州、宁波、无锡、南京、成都。

究同时以创新补贴金额占总资产的比重衡量创新补贴。类似的，本研究同时构建了非创新补贴变量。见表 4－1。

（三）控制变量

参照既有主流研究的做法，本研究选取企业规模、企业年龄、流动比率、固定资产比率、资产收益率、现金流比率、托宾 Q 值、增长率为控制变量。具体的变量描述与定义参见表 4－1。

表 4－1　　　　变量描述与说明

<table>
<tr><th colspan="2">变量类型</th><th>变量名称</th><th>变量定义与描述</th></tr>
<tr><td rowspan="4">被解释变量</td><td rowspan="2">研发投入</td><td>研发强度 1</td><td>研发支出/营业收入</td></tr>
<tr><td>研发强度 2</td><td>研发支出/总资产</td></tr>
<tr><td rowspan="2">研发产出</td><td>申请专利</td><td>专利（发明、实用新型和外观设计）申请数量，加 1 取自然对数</td></tr>
<tr><td>申请发明专利</td><td>发明专利申请数量，加 1 取自然对数</td></tr>
<tr><td colspan="2" rowspan="4">解释变量</td><td>创新补贴 1</td><td>创新补贴总金额/营业收入</td></tr>
<tr><td>创新补贴 2</td><td>创新补贴总金额/总资产</td></tr>
<tr><td>非创新补贴 1</td><td>非创新补贴总金额/营业收入</td></tr>
<tr><td>非创新补贴 2</td><td>非创新补贴总金额/总资产</td></tr>
<tr><td colspan="2" rowspan="8">控制变量</td><td>企业规模</td><td>企业总资产，取自然对数</td></tr>
<tr><td>企业年龄</td><td>企业成立的年数，取自然对数</td></tr>
<tr><td>流动比率</td><td>流动资产/流动负债</td></tr>
<tr><td>固定资产比率</td><td>固定资产/总资产</td></tr>
<tr><td>资产收益率</td><td>净利润/总资产</td></tr>
<tr><td>现金流比率</td><td>现金流/总资产</td></tr>
<tr><td>托宾 Q 值</td><td>（股权市值＋净债务市值）/总资产</td></tr>
<tr><td>增长率</td><td>营业收入增长率</td></tr>
</table>

（四）变量描述

表 4－2 给出了相关变量的描述性统计结果。数据显示，在

本研究样本中，企业研发投入占营业收入的均值为4.19%，但最大值与最小值分别为15.7%与0，这说明不同企业之间的研发投入存在明显差异。专利与发明专利的统计数据同样证实了企业之间创新的这种差异。平均而言，企业获得的创新补贴占营业收入和总资产的比重分别为0.4%和0.18%，而非创新补贴占营业收入和总资产的比重分别为0.88%和0.43%。由此可见，在企业获得的政府补贴中，大约2/3的补贴属于非创新补贴①。这也充分表明，中国的政府补贴种类繁多，直接以政府补贴总额代表创新补贴会存在较大的噪音与误差。

表4-2　主要变量的描述性统计结果

变量名称	观测值	最小值	最大值	均值	中位数	标准差
研发强度1	12680	0	0.157	0.0419	0.0364	0.0324
研发强度2	12680	0	0.0722	0.0223	0.0202	0.0157
专利	12680	0	5.371	0.72	0	1.525
发明专利	12680	0	4.304	0.452	0	1.081
创新补贴1	12680	0	0.032	0.004	0.0015	0.0064
创新补贴2	12680	0	0.0112	0.0018	0.0009	0.0024
非创新补贴1	12680	0	0.0541	0.0088	0.0045	0.0115
非创新补贴2	12680	0	0.0237	0.0043	0.0025	0.0051
企业规模	12680	20.15	24.99	21.96	21.79	1.131
企业年龄	12680	1.792	3.332	2.752	2.773	0.345
流动比率	12680	0.524	12.68	2.729	1.861	2.469
固定资产比率	12680	0.0303	0.576	0.230	0.205	0.133
资产收益率	12680	-0.100	0.191	0.0503	0.0449	0.0544

① 这些非创新补贴主要包括纳税大户财政奖励、污水处理补助、社保补贴、出口创汇贴息、财政贴息、招商引资奖励、拆迁补偿等（李万福等，2017；郭玥，2018）。

续表

变量名称	观测值	最小值	最大值	均值	中位数	标准差
现金流比率	12680	-0.289	0.189	-0.021	-0.0098	0.0996
托宾 Q 值	12680	0.986	6.107	2.118	1.779	1.101
增长率	12680	-0.353	1.212	0.152	0.110	0.287

三、计量模型与实证方法

为实证考察政府补贴对企业技术创新的影响，本文设定如下的基本回归模型：

$$Y_{it} = \beta_0 + \beta_1 innosub_{it} + \beta_2 noninnosub_{it} + \sum X_{it} + \lambda_i + \varphi_i + \pi_t + \varepsilon_{it} \tag{4.1}$$

其中，被解释变量 Y_i 是衡量企业创新的指标，主要包括研发投入与研发产出变量；解释变量 $innosub_{it}$ 是衡量创新补贴的指标，$noninnosub_{it}$ 是衡量非创新补贴的指标，X 是影响企业创新的控制变量矩阵，ε_{it} 是随机干扰项。此外，在具体的回归过程中，为控制企业层面不受时间变化的影响和宏观经济冲击，本研究还对省份、行业固定效应与年份效应进行控制。

鉴于上市公司的专利申请和研发支出数据服从“零值堆积与正值连续分布共存”的混合分布（龙小宁、林志帆，2018），因而适宜采用 Tobit 模型进行极大似然估计。因此，本研究的基准模型均采用 Tobit 模型进行估计。当然，我们也尝试用 OLS 进行估计，并以此作为稳健性检验的内容之一。

在计量回归前，本研究对政府补贴与企业创新的关系进行了初步考察。图 4-11 的关系散点图显示，创新补贴与非创新补贴均与研发强度呈现出正向相关关系。而图 4-12 的关系散点图则显示，创新补贴与非创新补贴与研发产出的关系则并不明朗。当然，散点图分析是在未控制其他变量情形下的简单分析，并不能

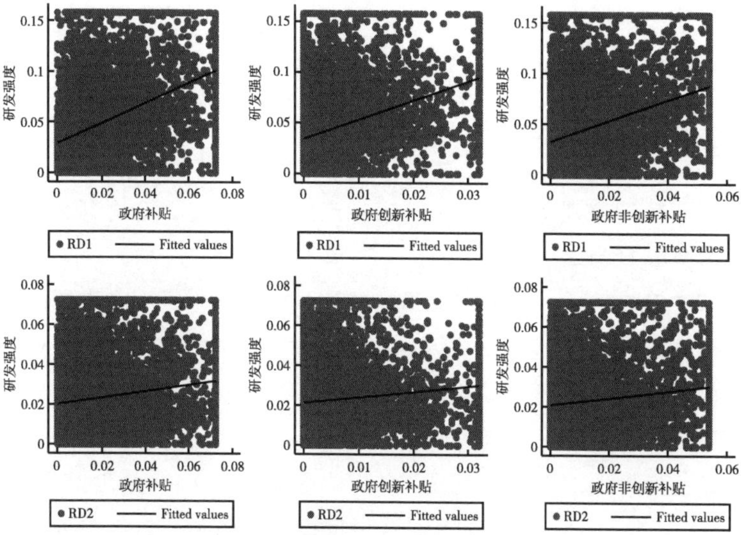

图 4 - 11　研发强度与政府补贴的散点图

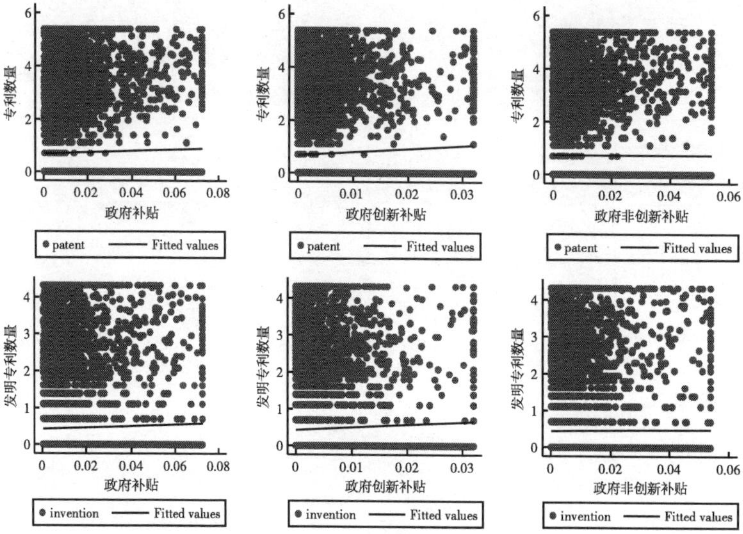

图 4 - 12　研发产出与政府补贴的散点图

揭示变量之间的真实关系。本研究将在下文中对它们的关系展开严谨的回归分析。

四、基准回归

本研究分别从研发投入与研发产出两个维度，全面刻画企业技术创新行为。

在此基础上，利用前文设定的计量模型，借助 STATA 软件，从创新补贴与非创新补贴两个方面，分别考察政府补贴对企业创新的影响，以分析不同类型政府补贴对企业创新影响的非对称效应。

政府补贴对企业研发投入的影响效应由表 4－3 给出。其中，列（1）、列（3）给出的是企业研发投入对创新补贴与非创新补贴的简单估计结果；列（2）、列（4）给出的是在加入控制变量和省份、年份、行业等固定效应情形下的多元估计结果；列（5）则是同时加入创新补贴与非创新补贴的多元估计结果。

表 4－3　政府补贴对企业研发投入影响的估计结果

核心解释变量：	(1)	(2)	(3)	(4)	(5)
创新补贴	1.9249 *** (0.0632)	1.2948 *** (0.0574)			1.1243 *** (0.0581)
非创新补贴			1.0239 *** (0.0355)	0.7202 *** (0.0315)	0.6257 *** (0.0320)
控制变量：					
企业规模		-0.0013 *** (0.0003)		-0.0018 *** (0.0003)	-0.0011 *** (0.0003)
企业年龄		-0.0108 *** (0.0008)		-0.0109 *** (0.0008)	-0.0103 *** (0.0008)

续表

核心解释变量：	(1)	(2)	(3)	(4)	(5)
流动比率		0.0017*** (0.0002)		0.0018*** (0.0002)	0.0015*** (0.0001)
固定资产比率		-0.0089*** (0.0022)		-0.0082*** (0.0022)	-0.0097*** (0.0022)
净资产收益率		0.0011 (0.0059)		-0.0075 (0.0058)	0.0040 (0.0056)
现金流比率		-0.0148*** (0.0028)		-0.0180*** (0.0028)	-0.0128*** (0.0027)
托宾Q值		0.0016*** (0.0003)		0.0018*** (0.0003)	0.0014*** (0.0003)
营业收入增长率		-0.0047*** (0.0009)		-0.0041*** (0.0009)	-0.0032*** (0.0009)
其他变量：					
省份效应	NO	YES	NO	YES	YES
年份效应	NO	YES	NO	YES	YES
行业效应	NO	YES	NO	YES	YES
常数项	0.0337*** (0.0003)	0.0595*** (0.0101)	0.0324*** (0.0003)	0.0651*** (0.0097)	0.0502*** (0.0097)
观测值	12680	11797	12680	11797	11797
Pseudo R^2	0.0391	0.1508	0.0358	0.1507	0.1697

注：括号内的值为稳健性标准误（robust standard error）；***、**、*分别表示1%、5%、10%的显著性水平。

表4-3的估计结果显示，尽管在不同模型下的回归系数大小略有不同，但创新补贴与非创新补贴的回归系数均在1%的水平上显著为正。这表明，创新补贴与非创新补贴均对我国制造业

企业研发投入产生显著的正向影响。一方面，政府补贴具有资源属性，能够带给企业直接的资金流入，缓解企业的资金压力，进而促进企业的研发投入；另一方面，政府补贴具有信号传递功能，能够向外部投资者释放积极信号，缓解外部投资者与企业之间的信息不对称问题，进而获得更多的外部融资并促进企业研发投入。值得指出是，郭玥（2018）研究发现，创新补贴对企业研发投入具有显著促进作用，但非创新补贴对企业研发投入的影响较弱。我们认为，导致研究结论不一致的原因可能有二：其一，研究对象的不同，郭玥（2018）的研究对象为所有 A 股上市公司，而本研究主要聚焦上市公司中的制造业企业；其二，研究数据的时间维度差异，本研究基于 2012 年之后的上市公司数据，充分考虑了 2012 年以前的上市公司研发支出数据披露不完全的客观事实。

表 4 - 3 的估计结果还显示，创新补贴的回归系数明显大于非创新补贴的回归系数。以列（5）为例，创新补贴的回归系数为 1.1243，而非创新补贴的系数仅为 0.6257。可见，就影响效应而言，创新补贴的创新效应明显大于非创新补贴效应。本研究认为，与非创新补贴相比，由于创新补贴不仅专项用于研发活动，进而产生更大的研发成本降低效应，而且能够释放基于政府信用的技术认证和监管认证双重信用认证信号，让市场投资者给予企业更高的信用认可，进而产生更为显著的信号效应。

综上所述，本章的研究假说 1 得到了经验上的支持。

政府补贴对企业研发产出的影响效应由表 4 - 4 给出。其中，列（1）~列（3）给出的是企业专利对创新补贴与非创新补贴的估计结果；列（4）~列（6）给出的企业发明专利对创新补贴与非创新补贴的估计结果。

表 4-4　政府补贴对企业研发产出影响的估计结果

	专利数量			发明专利数量		
核心解释变量：	(1)	(2)	(3)	(4)	(5)	(6)
创新补贴	51.8040*** (10.1941)		54.0843*** (10.3745)	37.5563*** (8.1891)		36.9535*** (8.3244)
非创新补贴		-3.7190 (6.3299)	-8.4980 (6.4745)		5.3539 (5.0039)	2.3428 (5.1004)
控制变量：						
企业规模	0.7942*** (0.0728)	0.7637*** (0.0727)	0.7934*** (0.0728)	0.2081*** (0.0602)	0.1899*** (0.0601)	0.2087*** (0.0602)
企业年龄	-0.7018*** (0.2115)	-0.7323*** (0.2109)	-0.7105*** (0.2114)	-0.6808*** (0.1705)	-0.6971*** (0.1700)	-0.6786*** (0.1703)
流动比率	0.0115 (0.0325)	0.0298 (0.0324)	0.0143 (0.0325)	-0.0282 (0.0253)	-0.0185 (0.0252)	-0.0289 (0.0253)
固定资产比率	1.8176*** (0.5931)	1.9024*** (0.5941)	1.8338*** (0.5931)	-0.7036 (0.4821)	-0.6728 (0.4819)	-0.7064 (0.4821)
净资产收益率	6.3078*** (1.4622)	5.6469*** (1.4568)	6.2790*** (1.4632)	4.9670*** (1.1716)	4.5309*** (1.1659)	4.9712*** (1.1709)
现金流比率	-0.3787 (0.7337)	-0.6701 (0.7315)	-0.3962 (0.7346)	0.1602 (0.5786)	-0.0158 (0.5758)	0.1652 (0.5782)
托宾Q值	0.2389*** (0.0681)	0.2678*** (0.0683)	0.2417*** (0.0680)	0.1123** (0.0548)	0.1312** (0.0553)	0.1116** (0.0548)
营业收入增长率	-0.5776** (0.2473)	-0.6433*** (0.2481)	-0.5974** (0.2477)	-0.2685 (0.2001)	-0.2915 (0.2007)	-0.2623 (0.1999)
其他变量：						
省份效应	YES	YES	YES	YES	YES	YES
年份效应	YES	YES	YES	YES	YES	YES
行业效应	YES	YES	YES	YES	YES	YES

续表

	专利数量			发明专利数量		
核心解释变量：	(1)	(2)	(3)	(4)	(5)	(6)
常数项	-25.5907 *** (2.7217)	-24.7440 *** (2.7103)	-25.4743 *** (2.7236)	-7.4114 *** (2.1238)	-7.0007 *** (2.1137)	-7.4479 *** (2.1227)
观测值	11797	11797	11797	11797	11797	11797
Pseudo R^2	0.0320	0.0310	0.0321	0.0296	0.0287	0.0296

注：括号内的值为稳健性标准误（robust standard error）；***、**、*分别表示1%、5%、10%的显著性水平。

表4－4的回归结果显示，与基于研发投入视角相比，基于研发产出视角的创新补贴与非创新补贴对企业创新的影响呈现出更为明显的非对称效应。具体而言，无论是从衡量创新数量的专利视角，还是从衡量创新质量的发明专利视角，创新补贴对企业研发产出都具有显著的正向影响，而非创新补贴对企业研发产出的影响则不显著。本研究认为，这种非对称效应可能主要源自于资源转换效率的差异性。具体而言，创新补贴从项目申请到项目管理等方面，均较为严格与规范，受政治关联的影响也较小，进而能够有效促进企业的研发投入并提升投入产出效率，最终表现为研发产出水平的显著提升。而与之明显不同的是，非创新补贴项目的申请与管理较为随意，受政治关联的影响较大，进而导致其投入产出效率低下，甚至产生所谓的政治资源诅咒效应（袁建国等，2015），最终未能显著促进企业的研发产出。因此，本章的研究假说2得到支持。

五、工具变量回归结果

政府补贴对企业创新产生重要影响，但与此同时，企业创新可能也会影响其政府补贴情况。原因在于，政府实施补贴政策的目的在于促进企业开展创新活动并提高补贴项目的效率。而技术创新能力强的企业通常具有更高的资源转化效率，不仅可以更为有效地将其所获得的政府创新资源转化为最终的创新成果，提高政府创新资源的使用效率，而且还可以发挥带动与示范效应（曾萍等，2016），此时，挑选“赢家”对政府机构而言，是一种理性行为（David et al.，2000；Aerts & Schmidt，2008；Guerzoni & Raiteri，2015；Bloom et al.，2019）。在中国，政府补贴的初衷是希望发挥“指引促进”作用，但在实践中，却很有可能由于企业的内生选择以及政府的筛选依据而变为“锦上添花”式的单纯奖励（姚东旻、朱泳奕，2019）。可见，企业技术创新对其政府补贴的获取具有积极影响。这种双向因果关系导致的内生性问题可能会导致相关估计结果的偏误或不一致性。

相比较而言，对基于微观数据的定量分析，工具变量法在解决内生性问题中具有独特优势（陈云松，2012）。而寻找合适与有效的工具变量是工具变量法的关键。既有相关研究构建政府补贴的思路主要有二：其一是以各省各年的政府补贴均值作为企业政府补贴的工具变量，例如 Chen et al.（2018）、吴伟伟和张天一（2021）等；其二是以各行业的政府补贴均值作为企业政府补贴的工具变量，例如郭玥（2018）、张兴亮和程琦炜（2020）等。借鉴相关研究的思路，本研究以各省各年度的行业创新补贴与非创新补贴均值分别作为企业创新补贴与非创新补贴的工具变量。

表 4 – 5 报告了 2SLS 的第二阶段估计结果[①]。列（1）~列

① 从第一阶段回归的 F 统计量来看，本研究的弱工具变量问题并不严重。因为根据 Staiger & Stock（1997）提出的判断法则，一阶段回归的 F 统计量如果大于 10，则一般可认为不存在弱工具变量问题。而在本研究中，F 统计量均在 200 以上，远远高于 10。

(2) 为创新补贴与非创新补贴对企业研发投入的工具变量回归结果；列（3）~列（4）为创新补贴与非创新补贴对企业专利数量的工具变量回归结果；列（5）~列（6）为创新补贴与非创新补贴对企业发明专利数量的工具变量回归结果。估计结果显示，采用2SLS估计方法后，相关研究假说依然得到有力支持。

表4-5　　2SLS估计结果

	研发投入		专利数量		发明专利数量	
核心解释变量:	(1)	(2)	(3)	(4)	(5)	(6)
创新补贴	9.5131*** (0.4360)		101.3382*** (12.2309)		33.9249*** (8.0594)	
非创新补贴		2.7621*** (0.1292)		21.8643 (15.0039)		2.1702 (3.0254)
省份效应	YES	YES	YES	YES	YES	YES
年份效应	YES	YES	YES	YES	YES	YES
行业效应	YES	YES	YES	YES	YES	YES
控制变量	YES	YES	YES	YES	YES	YES
Waldchi2值	886	1521	273	233	149	132
Prob > chi2	0.0000	0.0000	0.0000	0.0000	0.0000	0.0000
观测值	11838	11838	11838	11838	11838	11838

注：括号内的值为稳健性标准误（robust standard error）；***、**、*分别表示1%、5%、10%的显著性水平。

六、稳健性检验

为了检验基准回归分析结果的可靠性，本研究从变量度量、样本选择与回归方法等三个方面展开了稳健性检验。首先，在变量度量方面，以创新补助占总资产的比重、非创新补助占总资产的比重分别度量创新补贴与非创新补贴，并采用新的变量进行再次回归。相关估计结果由表4－6A的列（1）~列（3）给出。此外，有学者指出，创新活动不是一蹴而就的（顾夏铭等，2018）。鉴于研发产出可能具有的时滞性，本研究将研发产出变量滞后一期处理，并进行再次回归。相关估计结果由表4－6A的列（4）~列（5）给出。

表4－6A　　稳健性检验结果

核心解释变量：	（1）	（2）	（3）	（4）	（5）
创新补贴	1.0419*** （0.0649）	196.6226*** （26.1266）	142.5938*** （20.8698）	176.8245*** （27.7668）	115.6128*** （22.3709）
非创新补贴	0.4853*** （0.0325）	－10.4442 （13.9870）	17.3463 （10.9836）	－5.7895 （14.5527）	11.6360 （11.5092）
控制变量：	YES	YES	YES	YES	YES
其他变量	YES	YES	YES	YES	YES
常数项	0.0246*** （0.0048）	－26.2998*** （2.7246）	－8.0499*** （2.1223）	－28.5406*** （2.9727）	－11.3084*** （2.2861）
观测值	11797	11797	11797	10433	10433
Pseudo R^2	0.0825	0.0333	0.0310	0.0349	0.0310

注：括号内的值为稳健性标准误（robust standard error）；***、**、*分别表示1%、5%、10%的显著性水平。

其次，在样本选择方面，为考虑离群样本对估计结果的影响，本研究采用缩尾前的样本对主要结果进行了再次回归，相关估计结果由表4－6B的列（1）~列（3）给出。

最后，在回归方法方面，本研究采用最传统的OLS回归方法进行再次回归，相关结果由表4－6B的列（4）~列（6）给出。

上述相关估计结果显示，前文的主要研究结论依然稳健。

表 4-6B 稳健性检验结果

核心解释变量：	(1)	(2)	(3)	(4)	(5)	(6)
创新补贴	0.3561*** (0.0694)	6.8804* (3.6238)	3.6503* (1.8918)	0.5478*** (0.1267)	1.5704** (0.8074)	1.0367** (0.5594)
非创新补贴	0.0687*** (0.0185)	1.1287 (0.7167)	0.5116 (0.4491)	0.0695*** (0.0181)	0.4011 (0.2809)	0.4595 (0.3560)
控制变量	YES	YES	YES	YES	YES	YES
其他变量	YES	YES	YES	YES	YES	YES
常数项	0.0598*** (0.0169)	-25.6659*** (2.6905)	-8.6817*** (2.1604)	0.0455*** (0.0130)	-4.9514*** (0.4158)	-2.2696*** (0.3052)
观测值	11797	11797	11797	11797	11797	11797
Pseudo R^2/R^2	0.0980	0.0316	0.0287	0.2340	0.0714	0.0520

注：括号内的值为稳健性标准误（robust standard error）；***、**、*分别表示1%、5%、10%的显著性水平。

第五节 本章小结

提升企业的技术创新能力，不仅是贯彻新发展理念的题中之意，而且是推动国家创新驱动发展战略有效实施的关键举措。利用政府补贴工具促进企业技术创新，不仅在理论上具有合意性，而且在实践中具有普遍性。但学术界对于政府补贴促进企业技术创新的有效性充满争议，对如何优化和调整政府补贴政策存在明显分歧。此外，大部分文献未充分考虑政府补贴的异质性。有鉴于此，本研究从政府补贴的异质性视角，通过区分创新补贴与非创新补贴，从理论与实证两个维度，对政府补贴异质性及其非对称创新效应展开分析。理论分析表明，通过资源属性与信号传递机制，创新补贴与非创新补贴均对企业研发投入产生促进作用，但创新补贴的影响效应更大；通过明确的目标导向、规范的项目管理与公平公正的项目申请等机制，创新补贴对企业研发产出具有促进作用，但非创新补贴的管理较为随意，且受政治关联的显著影响，因而并不能对企业研发产出产生促进作用。在此基础上，基于我国制造业上市公司 2012～2020 年的非平衡面板数据，刻画了我国政府补贴的异质性特征，结果表明，除了创新补贴外，政府补贴中还包括了数量庞大的非创新补贴，且政府补贴的异质性在不同性质、规模和技术水平的企业中呈现出一定的差异性。在此基础上，实证分析创新补贴与非创新补贴对企业研发投入与研发产出的影响效应。结果显示，创新补贴与非创新补贴均对企业研发投入产生了显著的促进作用，但创新补贴的影响效应明显大于非创新补贴；创新补贴对企业研发产出的影响显著为正，但非创新补贴对企业研发产出的影响不显著。进一步考虑双向因果导致的内生性问题后，创新补贴与非创新补贴的非对称创新效应依然成立。此外，相关基本研究结论也经过了一系列稳健性检验。

第五章　政府采购与企业技术创新

第一节　引　　言

党的十九大报告明确提出，要坚持和贯彻新发展理念，加快建设创新型国家，让创新成为引领发展的第一动力。正如习近平总书记所指出的：一个地方、一个企业，要突破发展瓶颈、解决深层次矛盾和问题，根本出路在于创新，关键要靠科技力量①。企业是整个国家创新的主体，也是科技创新最重要的实践者和推动者，在中国目前的经济转型中扮演着极为重要的角色（黎文靖、郑曼妮，2016；李姝等，2018）。但近期发生的“中兴之困”现象，再次触碰了中国企业缺乏核心技术的痛点②。

对产权保护的无能、信息的不对称和对风险的厌恶，以及技术创新的溢出效应，将导致创新活动的市场失灵（Arrow，1962），这就为政府支持创新活动提供了合意性。财税政策作为政府宏观调控的两大工具之一，在激励企业技术创新过程中发挥着重要作用。然而，一直以来，理论界与政策界将目光主

---

① 中共中央文献研究室编：《习近平关于科技创新论述摘编》，中央文献出版社 2016 年版。

② 李拯：“强起来离不开自主创‘芯’”，《人民日报》2018 年 4 月 19 日。

要集中于供给层面的财政补贴、税收优惠等政策分析，对需求层面的政府采购政策关注则明显不足。直到近 10 年来，随着需求导向创新政策的复活（Edler & Georghiou，2007），政府采购对技术创新的关键作用才引发了学者们的广泛关注（Edler & Yeow，2016；Ghisetti，2017）。在中国，自 1996 年试点以来，政府采购政策已经有 20 余年历史了，其覆盖的范围逐步扩大，采购规模迅速增长。1998 年全国政府采购规模为 31 亿元，到 2016 年，同口径政府采购规模已达到 25731.4 亿元，其占 GDP 的比重由 1998 年的 0.04%，上升到 2016 年的 3.46%（姜爱华，2018）。如此庞大规模的政府采购是否激励了我国企业技术创新？对于这一问题的回答无疑具有重要的理论与现实意义。

针对政府采购与技术创新的关系，国内学者们展开了一定的理论与实证分析。总体而言，理论探讨居多，实证分析相对有限。在理论探讨方面，学者们基本肯定了政府采购对技术创新的积极作用（王丛虎，2006；王铁山、冯宗宪，2008；杨丽，2012）。但在实证分析方面，由于采用不同的数据与方法，相关研究结论充满争议（胡凯等，2013；李燕、朱春奎，2016；桂黄宝，2017；艾冰，2009；曹润林，2016；刘凤朝等，2017；马承君等，2018）。在既有的定量研究中，大多采用省级面板数据，从宏观层面分析政府采购对技术创新的影响。事实上，要认识创新的微观机制，必须使用大样本的企业层面的数据，并且控制足够多的企业特征（聂辉华等，2008）。根据本研究掌握的文献，基于微观层面的相关研究目前仅有刘凤朝等（2017）、马承君等（2018）两篇文献，他们分别采用中小企业数据与中关村高新企业微观数据展开相关实证分析，但在样本范围、变量定义与研究方法方面存在一定的不足之处。

针对既有实证研究的有限性、争议性与微观层面研究的不足之处，结合我国转型期的特征，本研究的可能贡献如下：第一，在研究样本方面，本研究首次采用世界银行企业调查数据分析政府采购对企业技术创新的影响，该调查数据囊括了大、中、小各类企业，代表性强，权威性高；第二，在研究内容方面，本研究对政府采购影响企业技术创新的机制进行了全面阐述，并从所有权性质、企业规模、行业等不同维度，阐述了政府采购影响企业技术创新的异质性；第三，在研究方法方面，本研究充分考虑我国政府采购过程中的“扶大限小”特征，采用克服样本自选择问题的 PSM 方法，科学识别和评估政府采购政策的技术创新绩效，并展开了一系列的稳健性检验。

第二节　理论分析与研究假说

一、政府采购与企业技术创新

作为需求层面的政策工具，政府采购对技术变迁的重要作用最早可以追溯至 Schmookler（1962）等学者的研究。自 20 世纪 80 年代以来，部分学者已经开始注意到政府采购对企业技术创新的重要作用（Rothwell，1984；Geroski，1990）。近 10 年来，政府采购，特别是创新型政府采购（public procurement for innovation），对技术创新的关键作用才引发了学者们的广泛关注（Edler & Yeow，2016；Ghisetti，2017）。在 OECD 与欧盟国家中，创新型政府采购已经日益成为各国创新政策的核心内容（OECD，2017；Obwegeser & Müller，2018）。

那么，政府采购如何影响企业技术创新呢？归纳起来，相关作用机制主要表现为以下四个方面：第一，市场创造机制。政府采购的重要性就在于能够为新产品与新工艺创造一种可见的市场需求（visible demand），在早期阶段就为创新产品提供了最低限度的市场规模（Rothwell，1984；Geroski，1990），从而为生产商提供明确的市场激励，诱发企业进行R&D投入和技术创新。此外，产品的创新程度越高，进入和转换成本就越高。因此，对突破性创新产品的首次购买经常难以实现（Edler & Georghiou，2007），此时，政府采购提供的早期强劲市场需求则能够产生加速效应，从而激励企业技术创新。第二，风险分担机制。政府采购通过采购合约的形式，能够为企业新产品的销售创造一个规模庞大且十分确定的早期市场，从而在很大程度上克服技术创新的外溢性与不确定性，为企业分担了一定的市场风险（波特，2012；Aschhoff & Sofka，2009；Raiteri，2018）。此外，政府采购，特别是商用前采购（pre - commercial procurement），通过R&D服务合同等形式让技术风险由采购商与潜在供应商共同分担（Edler & Georghiou，2007），从而直接分担了部分市场风险。另外，通过扮演领先用户角色并及时反馈问题，政府采购所形成的市场需求能够直接降低企业开发新产品的不确定性（Guerzoni & Raiteri，2015）。第三，市场催化机制。作为领先用户，通过及时、大规模地使用创新产品或者展示创新产品的功能，政府采购不仅能够显著降低创新产品的交易成本，而且能够提高新产品的早期认知度（Edler & Georghiou，2007；Aschhoff & Sofka，2009），进而扩大私人市场需求。因此，政府采购对创新产品具有催化式作用。事实上，在催化式采购（catalytic procurement）中，政府采购扮演的是催化剂和协调员的角色，通过支持“婴儿”产品（infant products），推动创新产品在私人市场广泛渗透（Edquist & Zabala - Iturriagagoitia，2012）。第四，资源获取机制。获得政府采购合同可以向私人市场发出一种积极信号，帮助企业产品贴上被政府认可的标签，进而有利于企业获取银行贷款等创新所需的资源（Lach，2002；Feldman & Kelley，2006；Kleer，2010）。此外，在转型经济背景下的中国，司法体系、知识产权保护体系都尚不完善，获取政府合同、政府补贴等可以看作是企业积极响应政策导向，顺从政府指引的方式，进而成为跟政府保持良好关系的信号，这有利于企业从其他渠道获取创新资源（杨洋等，2015）。

除了理论机制探讨外，国内外学者们还就政府采购与企业技术创新的关系展开了实证分析。学者们主要采用案例研究（case study）方法展开研究（Rolfstam，2009；Edquist & Zabala – Iturriagagoitia，2012；Edler & Yeow，2016；刘云等，2017）。诚然，通过对某一案例展开具体分析与深入解剖，能够在一定程度上揭示政府采购对技术创新的重要作用。但由于案例选择标准的模糊性与随意性，案例研究样本的代表性存在明显缺陷，因此，相关研究结论也难以令人信服（Uyarra & Flanagan，2010）。基于此，部分学者利用企业微观数据，实证剖析政府采购的创新绩效。总体而言，这方面的国内外研究还比较匮乏。早期的研究表明，对政府部门的销售量每增加 1 美元，企业 R&D 支出将增加 9.3%。而对非政府部门的销售量每增加 1 美元，企业 R&D 支出仅增加 1.7%（Lichtenberg，1988）。这就意味着，政府采购比其他企业合约具有更大的需求拉动效应。利用德国不同部门 1149 家企业微观数据，Aschhoff & Sofka（2009）的研究结果显示，政府采购与源自于大学的知识溢出驱动了企业的技术创新。不同的是，知识溢出能够让所有企业受益，而政府采购的创新效应与企业特征有关，仅对处在经济压力区域和技术服务领域的中小企业产生显著影响。Guerzoni & Raiteri（2015）则将供给层面的 R&D 补贴、税收抵免与需求层面的政府采购等创新政策放入同一个框架展开分析。倾向得分匹配估计表明，当控制了政策之间的交互影响后，供给层面的财政补贴影响效应显著降低，而政府采购却仍然具有较大的影响效应。Raiteri（2018）则基于共性技术视角，利用条件双重差分法（CDiD）和专利数据，实证研究发现，政府采购对共性技术产生了显著的正向效应。由此可见，国外研究大多肯定了政府采购对企业技术创新的积极作用。

然而，与国外研究不同，由于采用不同的数据与方法，国内相关研究结论远未达成共识（李冬琴，2018）。利用宏观层面的省级面板数据，采用 GMM 和空间计量方法，胡凯等（2013）、李燕和朱春奎（2016）、桂黄宝（2017）等学者研究发现，中国的政府采购并未促进技术创新，甚至阻碍了技术创新。然而，同样基于省级面板数据，艾冰（2009）、曹润林（2016）等研究却肯定了政府采购对企业技术创新的积极作用。另外，采用中关村高新企业等微观层面数据的相关研究表明，政府采购能够有效促进中小企业 R&D 投入与技术创新（刘凤朝等，2017；马承君等，2018）。可见，政府采购对我国企业技术创新的激励效应还有待进一步研究与明确。

上述理论机制与部分实证分析表明，政府采购能够在一定程度上解决技术创新的外部性与不确定性等问题，并通过市场需求拉动机制激励企业技术创新，由此，我们提出第一个研究假设：

假说 1：政府采购对企业技术创新具有显著的正向影响。

二、政府采购影响企业技术创新的异质性

不同行业与特征的企业面临着不同的市场机会与约束条件，因此，在技术创新过程中，它们对政府采购的响应程度可能会存在明显差异，从而导致政府采购对企业技术创新的影响效应存在异质性。Castellacci & Lie（2015）的荟萃分析结果表明，企业规模与行业部门是政策效果产生差异的主要影响因子。此外，所有权性质差异是发达国家与转型国家的主要制度背景差异（Choi et al.，2011；杨洋等，2015；Jia & Ma，2017）。基于此，本研究主要从所有权性质、企业规模与行业等三个维度，对政府采购影

响企业技术创新的异质性展开剖析。

（一）政府采购影响企业技术创新的所有权性质差异

由于国有企业和民营企业是国家经济发展的主导力量，因此，本研究参考杨洋等（2015）的做法，将企业所有权类型划分为国有企业和民营企业。在中国，与民营企业相比，以下两个方面的原因将导致政府采购影响国有企业技术创新的相关机制并不明显：

第一，国有企业单位作为“准行政”单位（周黎安，2007），承担着大量的政治和社会责任，例如就业等，官场竞争之下地方官员的激励和行为因任期的约束呈现“短期化”的趋向（周黎安，2018），这将导致国有企业的高管们将目标函数更多地体现在职务待遇和晋升机会上，力求短期内业绩稳定，而不是历经数载的企业创新，最终酿成“前人栽树，后人乘凉”的“悲剧”（李后建、刘思亚，2015）。由于国有企业创新的内生激励不足，因此，政府采购通过市场创造和风险分担等激励企业技术创新的机制将难以体现。

第二，凭借与政府的天然关系，政府及其官员有动机为国有企业提供更多的关照，因此，国有企业能够较为容易地获取包括银行贷款、政府采购合同等在内的各种创新资源（曾萍等，2016；Jia & Ma，2017）。为此，国有企业通过政府采购向私人市场发出的积极信号将被严重削弱（杨洋等，2015），进而导致政府采购影响企业技术创新的资源获取机制效应较弱。此外，在中国，国有企业一般都具有较强的垄断性，从而导致政府采购所产生的品牌知名度提升效应将显著降低。

而与国有企业不同，民营企业产权明晰，因而在利润最大化动机下，企业进行技术创新的激励十分明确。此外，民营企业面临着更为强烈的资本、资源约束，进行技术创新的不确定性也更高。因此，政府采购影响企业技术创新的市场创造、风险分担、市场催化、资源获取等机制将更为明显，进而导致政府采购激励企业技术创新的效应更强。

综上所述，本章提出如下研究假设：

假说2a：政府采购对国有企业技术创新的激励效应不显著，但对民营企业技术创新的激励效应显著为正。

（二）政府采购影响企业技术创新的企业规模差异

不同规模企业所面临的资源约束条件与创新路径存在显著差异，因此，同样的一项政策，对大型企业与中小企业的影响效应将表现出明显的差异（Radas et al.，2015）。

首先，在市场创造机制方面，政府采购所形成的市场规模对中小企业将产生更为重要的影响。与大型企业相比，中小企业的市场规模初始水平更低，因此，任何给定规模的市场需求对中小企业的影响效应将更为显著，相应地，大型企业由于初始的市场规模水平较高，因此，政府采购所形成的市场规模对其影响相对有限（Castellacci & Lie，2015）。

其次，在资源获取机制方面，政府采购向私人市场发出的积极信号对中小企业更为重要，相应的技术创新激励效应也将更为显著。原因在于，与大型企业相比，中小企业不仅面临着较强的融资约束，而且面临着更为严重的信息不对称问题（Kobayashi，2014）。因此，政府采购不仅能够直接缓解中小企业的融资约束，而且能够通过信号机制，帮助企业产品贴上被政府认可的标签，从而获得其他所需的创新资源（Feldman & Kelley，2006；Kleer，2010）。在中国，由于司法体系、知识产权保护体系等尚不完善，获取政府合同不仅可以向私人市场释放出企业产品获得政府认可的信号，而且能够释放出企业跟政府保持良好关系的信号，这将有利于企业从其他渠道获取创新资源。

最后，在市场催化机制方面，一方面，与大型企业产品具有普遍较高的市场知名度不同，中小企业的市场知名度普遍较低，因此，政府采购对中小企业产生的产品知名度提升效应也将更加明显；另一方面，从市场交流来看，大型企业能够与市场、前沿技术展开广泛地交流，而与外界的交流不足是小型企业的主要劣势（Rothwell，1984）。政府采购能够有效克服中小企业的市场交流劣势，因此，对其技术创新产生更大的影响。总之，与大型企业相比，市场催化机制在中小企业中表现得更为突出。

综上所述，本章提出如下研究假设：

假说 2b：政府采购对中小企业技术创新的激励效应显著为正，但对大型企业技术创新的激励效应较弱。

（三）政府采购影响企业技术创新的行业差异

不同行业的企业拥有不同的创新路径与策略（Pavitt，1984；Castellacci & Lie，2015），因此，在技术创新过程中，不同行业的企业对政府采购所作出的回应将有所差异，进而影响其技术创新绩效。在市场创造机制方面，政府采购通过创造市场需求，从而激励企业加大 R&D 投入和技术创新。然而，这种诱导效应在不同行业的企业中将出现明显差异（González & Pazó，2008）。直观来看，高技术行业凭借其所积累的技术知识和 R&D 能力，在政府采购，特别是创新型政府采购的激励下，将获得更大的技术创新绩效。然而，本研究认为，情况可能与之相反，正是因为高技术行业初始的 R&D 支出水平较高，政府采购所带来的激励效应反而更弱，甚至不显著。

首先，高技术行业面临着更大的经济和技术机会，融资能力强，因此，政府采购的市场催化机制在高技术行业并不明显。与此相反，在低技术行业，由于融资约束的限制以及 R&D 活动存在的沉没成本（sunk costs），政府采购通过信号机制能够显著改善企业的融资约束（González & Pazó，2008），并提高企业的知名度，从而有效发挥资源获取与市场催化机制。其次，技术能力提升是企业技术创新的重要表现，但在不同行业，政府支持所产生的效应强弱存在明显差异。企业技术能力提升效应主要来自于“干中学”（learning by doing）或者吸收能力的提升，而它的大小取决于企业既有的技术能力水平（Lee，2011）。对于高技术企业而言，由于初始水平较高，政府采购所产生的“干中学”效应和吸收能力提升效应更弱，相应地，对于低技术企业的技术能力提升效应反而更强。最后，高技术企业一般为R&D导向企业，较高的初始R&D支出水平反而将使得政府采购所产生的激励效应较弱。与此相反，在低技术行业，由于R&D初始水平较低，其在R&D活动中的学习和追赶范围就越大，因此，政府采购所引发的任何微小的R&D投资增加，均会导致相对较大的影响效应（Bodas - Freitas et al.，2017）。

综上所述，本章提出如下研究假设：

假说2c：政府采购对劳动、资本密集型等低技术行业企业技术创新的影响显著为正，而且激励效应较强，但对高技术行业企业技术创新的激励效应较弱，甚至不显著。

第三节　研究设计

一、数据说明

本研究的数据源自于世界银行在2011年12月至2013年2月展开的中国企业调查。此次调查根据企业注册域名采用分层随机抽样方法，共计调查了2848家企业，其中民营企业2700家，国有企业148家。调查的受访者主要为企业总经理、人力资源经理、会计师和其他相关职员。该调查数据涵盖了制造业和服务业的27个行业，样本企业涉及的区域覆盖了中国东、中、西三大区域的25个主要城市①。调查数据包含企业2011年的基本信息、基础设施与服务、销售与供应、竞争环境、土地与许可、创新与科技、犯罪、融资、政企关系、劳动力雇佣、绩效等方面的丰富信息。根据研究需要，剔除了关键变量信息缺失、不回答（不适用、不知道）等无效样本，最终获得2701个有效样本，占原始样本的95%。

由于该数据信息量大、质量高、代表性强，受到学者们的广泛使用。例如，吕铁和王海成（2015）、李后建和刘思亚（2015）、林志帆和刘诗源（2017）、夏后学和谭清美（2017）、傅宇等（2018）等使用该调查数据，分别研究了劳动力市场管制、银行信贷、税收负担、财政补贴、合作研发等对企业技术创新的影响。因此，本研究将借助该调查数据，充分利用其丰富的企业特征信息，从微观层面科学识别政府采购对企业技术创新的影响效应及其异质性。

二、变量定义

（一）结果变量

本研究的结果变量为企业技术创新。在既有的国内外文献中，衡量企业技术创新的指标主要包括R&D投入、专利数量与

① 27个行业分别为：食品制造业、烟草制品业、纺织业、服装业、皮革制品业、木材加工业、造纸及纸制品业、印刷业、家具制造业、石油加工（炼焦）及核燃料加工业、化学原料及化学制品制造业、塑料制品业、非金属矿物制品业、基本金属制造业、金属制品业、机器设备、电子工业、精密仪器、交通运输设备制造业、废弃资源及废旧材料回收加工业、零售业、批发业、IT业、酒店餐饮业、汽车服务业、施工服务业、运输服务业。25个城市分别为：北京、上海、广州、深圳、东莞、佛山、石家庄、唐山、郑州、洛阳、武汉、南京、无锡、苏州、南通、杭州、宁波、温州、沈阳、大连、济南、青岛、烟台、成都、合肥。

新产品等。R&D 投入作为企业最重要的创新投入，在很大程度上决定了企业的创新能力。但由于研发活动存在失败率高、不确定性强等特征，创新投入能否转化为产出受到诸多因素的影响。因此，与研发投入相比，创新产出更直观地体现了企业的创新水平（吴延兵，2007；余明桂等，2016）。而关于创新产出变量，有学者指出，在中国这样的发展中国家中，专利数量并非企业创新活动的合适代理变量（张杰等，2014；杨洋等，2015）[①]。基于此，本研究以新产品或服务来衡量企业技术创新，这也是国内外众多学者的主要做法（Aschhoff & Sofka，2009；Czarnitzki et al.，2011；Cappelen et al.，2012；吕铁、王海成，2015；李后建、刘思亚，2015；Szczygielski et al.，2017；桂黄宝，2017；林志帆、刘诗源，2017；Saastamoinen et al.，2018；马承君等，2018）。具体而言，本研究根据世界银行企业调查问卷数据，构建虚拟变量度量企业技术创新，将“过去三年内引进了新产品或服务”的企业赋值为1，其他为0。从表5-1的统计信息可以发现，在本研究样本中，有47%的企业进行了技术创新。

（二）处理变量

本研究处理变量为政府采购。与基于宏观层面的政府采购研究不同，本研究主要聚焦微观企业层面的政府采购对技术创新的影响。Aschhoff & Sofka（2009）将“客户中是否有公共部门或

---

① 他们的理由主要包括：第一，不少企业的创新活动主要是以模仿的形式或者是以模仿后再创新的形式来实现，因此这些企业的创新活动无法通过专利表现出来；第二，发展中国家的企业创新活动得不到有效保护，在这种情形下很多企业就失去了通过专利申请来保护自身创新利益的激励；第三，从中国来看，企业申请的专利形式有外观设计专利、实用新型专利以及发明专利三种类型，其中，前两种专利形式并不能有效度量企业的真实自主创新能力，而发明专利则是体现一国乃至微观企业创新能力最为重要的指标。如果仅仅采取专利数量，并不能准确衡量中国企业创新能力的质量；第四，在中国的专利申请中有相当比例的份额是由外资企业或者国外企业所申请，特别是在发明专利中这种现象更为突出。

公共组织机构”作为政府采购的代理变量。而 Guerzoni & Raiteri (2015) 认为该代理指标是一个次优选择，因为它并未明确企业是否与政府或其他公共部门签订了采购合同。因此，他们以“企业是否获得政府合同”作为政府采购的代理指标。本研究借鉴 Guerzoni & Raiteri (2015) 的做法，以“是否获得政府合同”度量政府采购变量，将获得政府合同的企业赋值为 1，其他为 0，这也与刘凤朝等 (2017)、马承君等 (2018) 等研究保持一致。表 5 - 1 的统计信息显示，本研究样本中大约有 16% 的企业获得了政府采购合同。

表 5 - 1　　主要变量的描述性统计结果

变量名称	观测值	最小值	最大值	均值	中位数	标准差
技术创新	2701	0	1	0.47	0	0.50
政府采购	2701	0	1	0.16	0	0.36
竞争环境	2701	0	4	0.85	1	0.87
法治环境	2701	1	4	2.64	3	0.68
融资环境	2701	0	4	0.81	1	0.86
所有权性质	2701	0	1	0.05	0	0.22
企业规模	2701	4.61	24.41	16.68	16.52	1.74
企业年限	2701	0	4.83	2.43	2.40	0.51
企业属性	2701	0	1	0.14	0	0.35
外资持股	2701	0	1	0.06	0	0.24
出口状况	2701	0	1	0.24	0	0.42
人力资本	2701	0	2.89	2.30	2.30	0.15
高管经历	2701	0	4.01	2.70	2.71	0.48
高管性别	2701	0	1	0.11	0	0.31

（三）控制变量

为减轻因遗漏关键变量而导致的估计偏差，本研究进一步控制被现有国内外研究广泛证实对企业技术创新产生影响的制度环境与企业特征变量（Almus & Czarnitzki，2003；Aschhoff & Sofka，2009；吕铁、王海成，2015；李后建、刘思亚，2015；Bodas – Freitas et al.，2017）。所有变量的定义由表5 – 2给出。值得指出的是，在发展中国家，产权制度安排尚不完善，市场经济尚不成熟，法治建设也不健全，这些制度因素对企业创新行为施加了更多的约束条件（吴延兵，2007），因此，在回归过程中有必要控制这些制度变量。竞争环境、法治环境与融资环境等变量的度量主要参考了于文超等（2018）基本做法。此外，本研究采用企业的销售总额，而非企业员工数量，度量企业规模，主要原因在于，销售额对生产要素的比例是中性的，并且能够反映短期需求的变动，因此被认为是最好的企业规模的代理变量（Scherer，1965；聂辉华等，2008）。此外，控制高管经历和高管性别主要受到曾萍和邬绮虹（2012）、傅宇等（2018）、Chapman & Hewitt – Dundas（2018）等相关研究的启发。表5 – 1的统计结果显示，本研究的样本中，国有企业的占比为5%左右，分公司与外资持股样本占比分别为14%和6%，出口产品的企业比例约为24%。此外，标准差显示，样本的企业规模差异明显。主要变量的具体统计信息详见于表5 – 1。除此之外，本研究还在估计方程中控制了城市固定效应与产业效应，以控制那些不可观测效应对企业技术创新的影响。

表5 – 2　　变量定义与描述

变量名称	变量定义与描述
技术创新	“过去三年内，企业是否引进新产品或服务”，将回答“是”的企业赋值为1，其他为0
政府采购	“去年企业是否获得政府合同”，将回答“是”的企业赋值为1，其他为0

续表

变量名称	变量定义与描述
竞争环境	“非正规部门竞争者的活动对企业运行的障碍程度”，将回答“没有障碍”“较小障碍”“一般障碍”“较大障碍”“非常严重障碍”分别赋值为0~4，值越大，竞争越为激烈
法治环境	对“司法系统是公平、公正且廉洁的”同意程度，将回答“非常不同意”“倾向于不同意”“倾向于同意”“非常同意”分别赋值为1~4，值越大，法治越公平
融资环境	“融资可获得性对企业运行的障碍程度”，将回答“没有障碍”“较小障碍”“一般障碍”“较大障碍”“非常严重障碍”分别赋值为0~4，值越大，融资环境越差
所有权性质	“所有权是否为国有”，将国有所有权的赋值为1，其他为0
企业规模	“2011年企业的销售总额”，取自然对数
企业年限	“2012~企业正式注册时间”，取自然对数
企业属性	“企业是否为大公司的一部分”，将回答“是”的企业赋值为1，其他为0
外资持股	“外国个人、企业或机构持股情况”，将持股比例大于0的企业赋值为1，其他为0
出口状况	“2011年企业产品是否存在直接或间接出口行为”，将存在出口行为的赋值为1，100%在国内销售的赋值为0
人力资本	“全职生产性员工的平均受教育年限”，取自然对数
高管经历	“总经理的工作经历年限”，取自然对数
高管性别	“总经理是否为女性”，将回答“是”的赋值为1，其他为0

三、实证策略

为实证考察政府采购对企业技术创新的影响，本研究设定如下的基本回归模型：

$$Y_i = \beta_0 + \beta_1 pubprocurement_i + \sum X + \mu_i \tag{5.1}$$

其中，被解释变量 Y_i 是衡量企业技术创新的指标，解释变量 $pubprocurement_i$ 是衡量政府采购的指标，X 是影响企业技术创新的控制变量矩阵，μ_i 是随机干扰项。此外，在具体的回归过程中，本研究还对城市与产业固定效应进行控制。

然而，国外学者的研究发现，政府在利用财税手段支持企业创新过程中，存在挑选“赢家”或“输家”行为，即存在样本选择偏误问题（Almus & Czarnitzki，2003；Aerts & Schmidt，2008；Kobayashi，2014；Guerzoni & Raiteri，2015）。在中国，包括财税激励手段在内的产业政策是典型意义的选择性产业政策，具有强烈的“扶大限小”的特色，试图通过扶持大企业的扩张与限制中小规模企业的发展来实现市场集中和形成大企业集团（江飞涛、李晓萍，2010）。赵勇（2014）在对北京市中小企业参与政府采购进行调查研究后发现，中小企业在政府采购活动中遭受严重歧视。因此，我们观测到的政府采购对企业技术创新的影响效应可能源自于企业自身的异质性，而非政策效应，因而直接利用最小二乘法（OLS）进行估计，将产生估计偏误。

为处理样本选择产生的内生性问题，本研究将采用国内外学者广泛使用的倾向得分匹配（PSM）方法进行估计，科学识别政策的因果效应。PSM 是由 Rosenbaum & Rubin（1983）首次提出的，其基本思想为：在评估某项政策效果时，通过在控制组中寻找与处理组特征相似的个体与其匹配，从而利用控制组个体的结果来估计处理组个体的反事实结果，从而有效降低样本选择偏误。处理组平均因果效应基本公式如下：

$$ATT = E[Y_{1i} - Y_{0i} \mid D_i = 1] = E[Y_{1i} \mid D_i = 1] - E[Y_{0i} \mid D_i = 1] \tag{5.2}$$

其中 ATT 表示处理组平均因果效应，第一项 Y_1 是处理组的期望值，可观测；第二项 Y_0 是处理组反事实结果，不可观测，需要通过利用控制组的结果来估计。

在寻找控制组过程中，通过一些特殊的方法将多个特征浓缩成一个指标——倾向得分值（PS 值），从而解决“维度诅咒”问题（赵西亮，2017）。其基本步骤主要包括定义相似性、实施匹配、评价匹配效果、估计因果效应。

在第一步定义相似性的过程中，参考赵西亮（2017）建议，为满足条件独立性假设要求，本研究将同时影响处理变量和结果变量的混杂因素都作为协变量。在匹配前，本研究对协变量的平衡性进行了检验，结果显示，处理组与控制组的差异十分显著，这就再次表明了实施 PSM 的必要性。见表 5－3。

表 5－3　协变量的平衡性检验：PSTEST 结果

协变量名称	均值			T－test		V(T)/V(C)
	处理组	控制组	偏差（%）	t	p > | t |	
竞争环境	0.736	0.876	－16.20	－3.03	0.002	0.94
法治环境	2.626	2.648	－3.30	－0.62	0.536	1
融资环境	0.991	0.772	24.10	4.84	0.000	1.39
所有权性质	0.104	0.041	24.40	5.43	0.000	.
企业属性	0.195	0.131	17.50	3.51	0.000	.
外资持股	0.059	0.059	0	0	0.997	.
企业规模	17.410	16.550	47.90	9.48	0.000	1.29
企业年限	2.465	2.422	8.40	1.63	0.104	1.17
出口状况	0.247	0.233	3.20	0.61	0.540	.
人力资本	2.313	2.301	8	1.61	0.107	1.40
高管经历	2.818	2.678	31	5.55	0.000	0.72
高管性别	0.068	0.112	－15.30	－2.71	0.007	.

注：控制组即未获得政府采购合同的样本，处理组即获得政府采购合同的样本，下表同。

本研究采用 Logit 模型估计倾向指数，利用倾向指数的平衡指数特征检验倾向指数模型是否充分。通过平衡指数特征检验的结果由表 5-4 给出。

表 5-4　倾向指数匹配与模型估计结果

被解释变量：政府采购				
解释变量	系数	标准差	z 值	P > |z|
竞争环境	-0.43	0.1606	-2.68	0.007
竞争环境平方	0.10	0.0600	1.64	0.100
法治环境	-0.04	0.0813	-0.50	0.618
融资环境	0.31	0.0629	4.98	0.000
所有权性质	1.38	1.8291	0.75	0.451
企业属性	0.09	0.1506	0.62	0.533
外资持股	-0.08	0.2387	-0.35	0.724
企业规模	0.16	0.1309	1.22	0.222
企业年限	-0.81	0.8953	-0.9	0.368
出口状况	-0.25	1.3409	-0.18	0.854
人力资本	0.25	0.3705	0.68	0.495
高管经历	0.43	0.1312	3.30	0.001
高管性别	-0.44	0.2111	-2.08	0.038
企业规模×企业年限	0.03	0.0515	0.64	0.519
企业规模×出口状况	0.00	0.0758	0.05	0.961
企业规模×所有权性质	-0.03	0.1049	-0.28	0.782
企业年限×出口状况	0.01	0.2453	0.05	0.961
出口状况×所有权性质	-0.34	0.6488	-0.53	0.599
常数项	-5.52	2.3911	-2.31	0.021

注：本阶段的估计经过反复调试，直至倾向指数模型充分。在控制相关交互项后，倾向指数模型通过了平衡指数特征检验。

在实施匹配过程中，本研究主要采用近邻匹配方法，同时以半径匹配和核匹配作为稳健性检验。在实施匹配后，为考察匹配效果，本研究再次进行了平衡性检验，结果由表 5-5 给出。不难发现，在实施近邻匹配后，处理组与控制组的特征已经十分相似，匹配后的偏差显著降低，这充分表明，匹配效果良好，为下一步的因果估计提供了基本前提。

表 5 - 5　协变量平衡性再检验（匹配效果诊断）

协变量名称		均值		偏差（%）	偏差降低（%）	t - test		V(T)/V(C)
		处理组	控制组			t	p > |t|	
竞争环境	匹配前	0.736	0.876	-16.20		-3.03	0.0020	0.94
	匹配后	0.736	0.744	-0.90	**94.60**	-0.13	0.8980	0.96
法治环境	匹配前	2.626	2.648	-3.20		-0.61	0.5390	1
	匹配后	2.626	2.617	1.30	**59.50**	0.19	0.8490	0.97
融资环境	匹配前	0.991	0.773	24.10		4.83	0.0000	1.39
	匹配后	0.991	0.976	1.70	**93.10**	0.22	0.8220	1.01
所有权性质	匹配前	0.104	0.041	24.40		5.43	0.0000	.
	匹配后	0.104	0.099	1.60	**93.50**	0.20	0.8440	.
企业属性	匹配前	0.195	0.131	17.50		3.50	0.0000	.
	匹配后	0.195	0.197	-0.50	**96.90**	-0.07	0.9420	.
外资持股	匹配前	0.059	0.059	0		-0.01	0.9950	.
	匹配后	0.059	0.058	0.30	**-69.82**	0.04	0.9690	.
企业规模	匹配前	17.410	16.550	47.90		9.49	0.0000	1.29
	匹配后	17.410	17.410	-0.10	**99.90**	-0.01	0.9930	0.96
企业年限	匹配前	2.465	2.422	8.40		1.63	0.1040	1.17
	匹配后	2.465	2.468	-0.50	**93.80**	-0.07	0.9420	0.98
出口状况	匹配前	0.247	0.233	3.20		0.61	0.5430	.
	匹配后	0.247	0.257	-2.30	**29.20**	-0.32	0.7460	.
人力资本	匹配前	2.313	2.301	8		1.61	0.1070	1.40
	匹配后	2.313	2.313	-0.10	**98.90**	-0.01	0.9890	1.44
高管经历	匹配前	2.818	2.678	30.90		5.55	0.0000	0.72
	匹配后	2.818	2.828	-2.10	**93.30**	-0.31	0.7550	0.82
高管性别	匹配前	0.068	0.112	-15.30		-2.71	0.0070	.
	匹配后	0.068	0.073	-1.50	**90.10**	-0.25	0.8050	.

第四节　实证结果与讨论

在实证结果估计阶段，为了进行比较分析，本研究首先进行普通最小二乘法，即 OLS 估计；其次根据前文的匹配后数据，展开倾向得分匹配估计，即 PSM 估计；再次从所有权性质、企业规模和行业等方面，对政府采购影响企业技术创新的异质性展开检验；最后，为验证主要结论的可靠性，本研究展开了一系列稳健性检验。

一、OLS 估计

表 5 -6 给出了政府采购对企业技术创新的 OLS 估计结果。结果显示，政府采购对企业技术创新具有显著的正向影响，而且十分稳健。以模型 4 为例，平均而言，与未获得政府采购合同的企业相比，获得政府采购合同的企业进行技术创新的概率提高大约 36.54%。很显然，这一效应是十分巨大的。

然而，简单接受 OLS 估计结果可能过于草率。正如前文所述，政府在选择采购合同对象时，往往存在挑选“赢家”或“输家”行为，即政府采购对象的选择并非随机产生。换言之，在本研究样本中，获得政府采购合同与未获得政府采购合同两组样本存在显著差异。在中国，“扶大限小”是中国产业政策的主要特点，因此，获得政府采购合同的企业往往具有更强的技术创新能力。为此，简单的 OLS 估计将明显高估政府采购政策的激励效应。

表 5－6　政府采购对企业技术创新的影响：初步结果

被解释变量：企业技术创新				
解释变量	模型 1	模型 2	模型 3	模型 4
政府采购	0.3898*** (0.0669)	0.3329*** (0.0716)	0.3783*** (0.0786)	0.3654*** (0.0795)
制度环境变量				
竞争环境		0.3788*** (0.0729)	0.3071*** (0.0817)	0.3043*** (0.0817)
竞争环境平方		-0.0938*** (0.0266)	-0.1035*** (0.0302)	-0.1027*** (0.0302)
法治环境		0.1209*** (0.0371)	-0.0238 (0.0436)	-0.0232 (0.0437)
融资环境		0.1182*** (0.0315)	0.1582*** (0.0376)	0.1585*** (0.0376)
企业特征变量				
所有权性质		-0.2787** (0.1197)	-0.3530*** (0.1211)	-0.3733*** (0.1232)
企业属性		0.3341*** (0.0749)	0.3591*** (0.0805)	0.3475*** (0.0810)
外资持股		0.1341 (0.1085)	0.0090 (0.1144)	0.0149 (0.1148)
企业规模		0.0651*** (0.0161)	0.0666*** (0.0180)	0.0698*** (0.0183)
企业年限		-0.0335 (0.0538)	-0.0386 (0.0572)	-0.0382 (0.0572)
出口状况		0.2372*** (0.0611)	0.1617** (0.0666)	0.1781*** (0.0682)

续表

被解释变量：企业技术创新				
解释变量	模型 1	模型 2	模型 3	模型 4
人力资本		0.2519 (0.1650)	0.7107 *** (0.1981)	0.7175 *** (0.1995)
高管经历		0.1009 * (0.0560)	0.1650 ** (0.0641)	0.1686 *** (0.0642)
高管性别		-0.0179 (0.0928)	-0.0738 (0.4766)	-0.0771 (0.0897)
其他控制变量				
产业效应	NO	NO	NO	YES
城市效应	NO	NO	YES	YES
常数项	-0.1426 *** (0.0264)	-2.6891 *** (0.4731)	-3.7970 *** (0.5794)	-3.8291 *** (0.5832)
Wald chi2 值	33.95 ***	186.54 ***	495.56 ***	493.58 ***
Pseudo R^2	0.0092	0.0538	0.1540	0.1543
观测值	2701	2701	2701	2701

注：括号内的值为稳健性标准误（robust standard error）；***、**、*分别表示1%、5%、10%的显著性水平。

二、PSM 估计

为克服样本选择所导致的估计偏误，本研究采用 PSM 方法估计处理组的平均因果效应（ATT）。在匹配方法选择上，本研究主要采用近邻匹配方法，同时也进行了半径匹配、核匹配估计，相关估计结果由表 5－7 给出。

从中不难发现，无论是匹配前，还是匹配后，处理组与控制组的技术创新能力均呈现出显著差异，而且差异值为正，这表明，政府采购对企业技术创新能力具有显著的正向影响。表中的ATT所对应的差异值是我们最感兴趣的，因为它反映的是在倾向得分匹配实施后两组的平均因果效应。以近邻匹配方法为例，匹配后的处理组与控制组差异值为0.1138，而且在1%的水平上显著。这意味着，与未获得政府采购合同的企业相比，获得政府采购合同的企业进行技术创新的概率平均提高11.38%。有趣的是，这一平均因果效应与Guerzoni & Raiteri（2015）等学者的研究相近。他们基于欧盟"创新战略趋势2006~2008"这一微观调查数据，研究发现，获得政府采购的企业进行技术创新的概率提高11.29%。

表5-7　政府采购对企业技术创新影响的PSM估计结果

Panal A：近邻匹配方法

变量名称	样本	处理组	控制组	差异值	标准差	T统计量
企业技术创新	匹配前	0.5976	0.4431	0.1546	0.0262	5.90***
	ATT	0.5976	0.4838	**0.1138**	0.0284	4.01***

Panal B：半径匹配方法

变量名称	样本	处理组	控制组	差异值	标准差	T统计量
企业技术创新	匹配前	0.5976	0.4431	0.1546	0.0262	5.90***
	ATT	0.5976	0.4431	**0.1546**	0.0602	2.57**

Panal C：核匹配方法

变量名称	样本	处理组	控制组	差异值	标准差	T统计量
企业技术创新	匹配前	0.5976	0.4431	0.1546	0.0262	5.90***
	ATT	0.5991	0.4834	**0.1157**	0.0272	4.25***

注：***、**、*分别表示1%、5%、10%的显著性水平。

三、异质性检验与讨论

为检验前文的理论分析与假设，本研究进一步对政府采购影响企业技术创新的异质性展开分析，以厘清相关机制与条件，相关估计结果由表 5－8 给出。

在企业所有权性质方面，本研究发现，政府采购对民营企业的技术创新具有显著的正向影响，而对国有企业技术创新的影响为负，但不显著。由此，假设 2a 得到经验支持。这一研究结论无疑与关于财政补贴、税收优惠影响企业创新的所有权差异结论是一致的（杨洋等，2015；Jia & Ma，2017）。然而，需要指出的是，与本研究不同，刘凤朝等（2017）研究发现，政府采购对 R&D 投入的促进作用在国有企业中表现得更为明显。产生差异的原因可能在于：第一，使用的数据不同，刘凤朝等（2017）使用的是中小企业数据，而本研究使用的是全国范围内包括大中小企业在内的世界银行企业调查数据；第二，结果变量不同，刘凤朝等（2017）以 R&D 投入衡量企业技术创新，而本研究使用新产品或服务衡量企业技术创新。

在企业规模方面，在小型企业、中型企业和大型企业分样本中①，政府采购对企业技术创新的平均因果效应分别为 0.2037、0.1494、0.0420，而且在大型企业样本中不显著。由此可见，政府采购对企业技术创新的激励效应主要体现为对中小企业的影响，假设 2b 得到经验支持。基于政府采购视角，本研究将进一步补充国内相关研究，得出的研究结论也与大部分相关研究一致。例如，大量的研究发现，政府补贴与税收优惠对企业技术创新的激励效应在中小企业中更为显著（González & Pazó，2008；Kobayashi，2014；Radas et al.，2015）。

---

① 企业规模分类按照世界银行企业调查标准进行划分，将永久性员工人数介于 5～19 的划归为小型企业、20～99 的划归为中型企业、100 以上的划归为大型企业。

在分行业方面①，本研究发现，在劳动和资本密集型行业中，政府采购对企业技术创新具有显著的正向影响，而在技术密集型行业，尽管平均因果效应系数为正，但并未通过显著性检验。因此，假设2c得到经验支持。基于转型国家中国的企业数据，本研究的这一结论将进一步丰富相关研究，也与González & Pazó（2008）、Castellacci & Lie（2015）、Bodas - Freitas et al.（2017）等基于发达国家样本的研究结论类似。

表5-8 政府采购对企业技术创新的异质性检验结果

变量名称	样本	处理组	控制组	差异值	标准差	T统计量
Panal A1：民营企业样本						
企业技术创新	匹配前	0.6194	0.4450	0.1744	0.0275	6.34***
	ATT	0.6194	0.4947	**0.1247**	0.0294	4.24***
Panal A2：国有企业样本						
企业技术创新	匹配前	0.4091	0.3978	0.0113	0.0904	0.12
	ATT	0.4091	0.4306	**-0.0215**	0.1098	-0.20
Panal B1：小型企业样本						
企业技术创新	匹配前	0.6262	0.4174	0.2088	0.0505	4.14***
	ATT	0.6262	0.4225	**0.2037**	0.0572	3.56***
Panal B2：中型企业样本						
企业技术创新	匹配前	0.5839	0.4358	0.1481	0.0443	3.35***
	ATT	0.5839	0.4345	**0.1494**	0.0487	3.07***

① 行业的划分主要参考了吕铁和王海成（2012）的做法，根据研发支出比重和固定资产比重，采用离差平方和法对所有行业进行聚类分析，分为劳动密集型、资本密集型和技术密集型三类。在本研究样本中，劳动密集型行业包括食品制造业、烟草制品业、纺织业、服装业、皮革制品业、木材加工业、造纸及纸制品业、印刷业和记录媒介复制业、家具制造业；资本密集型行业包括石油加工、炼焦及核燃料加工业、化学原料及化学制品制造业、塑料制品业、非金属矿物制品业、基本金属制品业、金属制品业；技术密集型行业包括机械设备、电子工业、精密仪器、交通运输设备制造业、废弃资源和废旧材料回收加工业。此外，由于调查数据中，国有企业样本未进一步细分行业，因此本研究的行业分析主要针对民营样本展开。

续表

变量名称	样本	处理组	控制组	差异值	标准差	T 统计量
Panal B3：大型企业样本						
企业技术创新	匹配前	0.5917	0.4893	0.1024	0.0434	2.36***
	ATT	0.5917	0.5497	**0.0420**	0.0460	0.91
Panal C1：劳动密集型行业样本						
企业技术创新	匹配前	0.6170	0.4028	0.2142	0.0754	2.84***
	ATT	0.6170	0.4524	**0.1646**	0.0688	2.39**
Panal C2：资本密集型行业样本						
企业技术创新	匹配前	0.6354	0.4281	0.2073	0.0543	3.82***
	ATT	0.6354	0.4589	**0.1765**	0.0535	3.30***
Panal C3：技术密集型行业样本						
企业技术创新	匹配前	0.6383	0.4908	0.1475	0.0772	1.91*
	ATT	0.6383	0.5409	**0.0974**	0.0865	1.13

注：***、**、*分别表示1%、5%、10%的显著性水平。

四、稳健性检验

为验证主要结果的稳健性，本研究从以下四个方面展开了检验：首先，有学者指出，有时倾向指数匹配反而会使协变量平衡性变差，因而建议采用协变量匹配方法进行样本匹配和因果效应估计（King & Nielsen，2016；赵西亮，2017）。因此，本研究采用协变量匹配方法对主要结果进行了再次估计，相关结果与表5-7的PSM估计结果基本一致。其次，世界银行企业调查要求访问者对受访者回答问题的“真实性”进行评估，为检验主要结果是否受到“不真实”样本的影响，本研究将访问者评估为“不真实”样本进行剔除①，然后再次进行PSM估计，结果表明，

① 剔除后的有效样本数为2662。

主要结果依然十分稳健。再次，在度量企业技术创新时，除了二值虚拟变量外，部分学者还采用了“新产品或服务的销售额占比”变量（Czarnitzki et al.，2011；李后建、刘思亚，2015；林志帆、刘诗源，2017；Saastamoinen et al.，2018）。基于此，本研究以“新产品和服务占销售额的比重”作为结果变量，再次进行了 PSM 估计①。不难发现，处理组的平均因果效应依然显著为正。最后，为检验条件独立性假设，即 CIA，本研究进行了安慰剂检验。参考赵西亮（2017）建议，借鉴 Raiteri（2018）的做法，本研究通过在控制组中构造伪处理组样本进行安慰剂检验②。结果显示，伪处理组的平均因果效应十分接近于 0，而且不显著，这就表明，政府采购对企业技术创新的影响并未受到未观测因素的系统影响，本研究的 CIA 假设成立。综上所述，本研究的主要研究结果通过了相关稳健性检验，见表 5－9。

表 5－9　政府采购对企业技术创新影响的稳健性检验结果

Panal A：协变量匹配方法						
企业技术创新		系数	标准差	z 值	P＞|z|	
ATET 政府采购（1 VS 0）		**0.1315**	0.0279	4.70***	0.000	
Panal B：剔除访问者评估为“不真实”的样本						
变量名称	样本	处理组	控制组	差异值	标准差	T 统计量
企业技术创新	匹配前	0.6195	0.4472	0.1723	0.0266	6.48***
	ATT	0.6195	0.4883	**0.1312**	0.0289	4.54***

① 本研究在模型回归前，删除对问卷“新产品或服务占 2011 年销售额的比重为多少”回答为“不知道”的样本。同时，将缺失值赋值为 0，这样做的主要依据为：通过对比“企业是否引进新产品或服务”与“新产品或服务占 2011 年销售额的比重为多少”的相关样本值，本研究发现，前者回答为“否”的企业样本，在后者中基本为缺失值。最终，进行模型回归的有效样本为 2631 个。

② 本研究在控制组 2275 个样本中构造了 350 个伪处理组样本，然后再次展开 PSM 估计。

续表

变量名称	样本	处理组	控制组	差异值	标准差	T统计量
Panal C：新产品（新服务）占销售额比重作为结果变量						
企业技术创新	匹配前	14.2707	10.9293	3.3414	0.9773	3.42***
	ATT	14.2707	11.5132	**2.7575**	1.0675	2.58***
Panal D：安慰剂检验						
企业技术创新	匹配前	0.4457	0.4426	0.0031	0.0289	0.11
	ATT	0.4457	0.4320	**0.0137**	0.0280	0.49

注：***、**、*分别表示1%、5%、10%的显著性水平。

第五节　本章小结

关于政府采购与技术创新的相关国内研究以理论探讨为主，相关定量分析较为有限。此外，在定量分析中，大多基于宏观层面的讨论，基于微观企业层面的实证分析十分匮乏。本研究首次采用世界银行企业调查数据，并充分考虑我国政府采购政策中可能存在的选择性问题，采用PSM方法，科学识别和评估政府采购对我国企业技术创新的激励效应，研究发现，政府采购对我国企业技术创新具有显著的正向影响，而且这一结论通过了一系列稳健性检验。进一步地，本研究从所有权性质、企业规模与行业等不同维度，探讨了政府采购影响企业技术创新的异质性，实证结果表明，政府采购对企业技术创新的激励效应主要体现在民营企业、中小企业和低技术行业企业中。

在我国着力推动企业创新发展，构建创新型国家与实现高质量发展背景下，本研究的结论具有重要的启示意义。首先，总体而言，政府采购激励了我国企业技术创新。鉴于我国政府采购规模与发达国家还存在较大的差距（姜爱华，2018），因此，今后应当逐步扩大政府采购规模，与此同时，提高采购过程中的技术标准，扩大创新终端产品的推广示范范围（魏江等，2015），实施创新导向采购策略，充分发挥政府采购在激励企业创新发展过程中的积极作用，助推创新型国家建设。其次，政府采购对不同企业特征的激励效应存在显著差异，因此，政府采购应当追求精准性，提高政策的有效性。从激励企业技术创新效果来看，政府采购应当向民营企业、中小企业和低技术行业企业倾斜，从而提高政府采购的有效性，充分发挥政府采购激励技术创新的积极作用。

第六章　税收优惠与企业技术创新

第一节　引　　言

技术创新是驱动经济持续增长的决定性因素。创新驱动是推动中国经济高质量发展的必由之路，也是中国建设现代化强国的根本举措。党的十九大报告明确提出，要坚持和贯彻新发展理念，加快建设创新型国家，让创新成为引领发展的第一动力。国家“十四五”规划则进一步明确提出，坚持创新在我国现代化建设全局中的核心地位。企业是整个国家创新的主体，也是科技创新最重要的实践者和推动者，在中国目前的经济转型中扮演着极为重要的角色。然而，对产权保护的无能、技术创新的溢出效应等将导致创新活动的市场失灵（Arrow，1962），这就要求政府采取合适的工具和手段支持企业的创新活动。

税收优惠政策作为一种“市场友好型”的政策工具，能够降低行政负担和“挑选输家”或“挑选赢家”的风险，因而成为各国促进企业创新发展的主要财税政策工具之一。例如，OECD（2021）报告显示，在36个OECD国家中，实施R&D税收优惠的国家已由2000年的19个增加至2019年的30个。那么，税收优惠是否激励了企业创新呢？围绕这一问题，国内外学者们展开了较为丰富的实证分析[①]。但遗憾的是，不同学者基于不同的研究数据、研究方法与研究视角，得出的研究结论存在明显的分歧。研究结论的分歧性不仅不利于我们正确认识税收优惠在企业创新发展中的具体作用，而且给政策的进一步优化与调整带来困扰。可见，对税收优惠政策与企业创新的关系开展进一步地科学分析显得尤为重要。

针对既有研究的争议性，本研究基于制造企业数据，采用双向固定效应模型，实证考察税收优惠对企业创新的影响效应及其异质性。可能的边际贡献体现为三个方面：第一，在研究样本与研究方法方面，以制造企业这一创新主体为研究对象，而且充分考虑 2012 年前制造企业研发数据的“披露不完全”现象。此外，充分考虑双向因果导致的内生性问题，以科学识别因果关系。第二，在研究内容方面，分别从研发投入和研发产出两个维度，全面测度企业创新。此外，分别从纵向的企业生命周期与横向的企业性质、规模与技术水平等维度，全面分析异质效应。总之，研究视角与研究内容具有综合性。第三，在变量测度方面，区别于固定资产折旧、研发费用加计扣除等具体的税收优惠政策，本研究以法定税率与实际税率之差测度税收优惠，能够综合体现税率、税基与税额等优惠形式，指标测度更具综合性。

第二节　理论分析与研究假说

与普通投资相比，R&D 投资具有调整成本高和不确定性高的两大特征，因为一半或一半以上的 R&D 支出主要用于支付

① 具体参见文献综述部分的相关内容。

科学家和工程师的工资薪金。此外，由于发明思想（inventive idea）极易遭到模仿，企业不愿意将创新性的思想披露给市场，进而导致 R&D 投资面临高昂的外部融资成本。与此同时，发明作为一种知识或信息生产，具有显著的溢出性特征。发明活动之间是相互依赖的，信息不仅是创新活动的产出，而且也是创新活动的投入，先前的信息（previous information）在新信息的创造过程中扮演着积极作用，因此，独占信息变得更加困难（Arrow，1962）。综上所述，企业研发投入与研发产出的外溢性特征及在此过程中导致的融资约束问题，构成政府干预企业创新的理论基础。

税收优惠作为政府促进发展的主要政策工具之一（Bloom et al.，2019），对企业创新投入产生重要影响。一方面，税收优惠能够直接降低 R&D 投资的边际成本（Eisner et al.，1984；Mansfield，1986），降低了企业税收负担，从而增加了企业用于研发投入的资金（贺娜和李香菊，2021），并增加企业投资的私人回报，进而增强企业的研发投入动力（Kasahara et al.，2014），最终促进企业的研发投入。例如，Hall and van Reenen（2000）研究发现，1 美元的税收抵免将增加企业大约 1 美元的额外 R&D 支出。另一方面，与财政补贴类似，税收优惠也能在一定程度上产生信号激励效应，进而缓解企业研发投入的融资约束问题。税收激励作为政府支持的重要形式，通过向银行等金融机构或风险投资者进行信号发送，以缓解企业研发创新活动的信息不对称性，有助于提高金融市场对企业研发创新活动的支持力度，并吸引风险投资等股权资本进入企业，从而帮助企业突破研发创新的资金瓶颈（刘放等，2016）。事实上，Kasahara et al.（2014）基于日本 2003 年的税收抵免政策改革这一准实验，研究发现，税收抵免政策改革所增加的 3% ~4% R&D 支出中，0.3% ~0.6% 的部分是通过缓解企业外部融资约束实现的。在中国，这种信号激励效应将同样存在，因为诸如高新技术企业的税率优惠、研发加计扣除的税基优惠等，均能向外部投资者释放出积极信号，进而有利于缓解企业的融资约束问题。

然而，税收优惠对企业研发产出的影响效应在理论上与经验上并不确定。首先，一般而言，增加研发投入能够带来创新产出的提升，但通过会计科目调整或实际业务活动操纵增加的研发投入并不会提高公司创新产出（杨国超等，2017）。此外，诸如 R&D 税收抵免等常规的创新政策会过度资助应用研究，进而加剧动态经济中的资源错配问题（Akcigit et al.，2020），从而不利于企业创新产出增加。其次，国外学者们关于税收优惠对企业研发产出的影响结论不一。Czarnitzki et al.（2011）、Agrawal et al.（2020）与 Ivus et al.（2021）分别基于美国、加拿大与印度的相关数据，肯定了税收优惠对企业新产品销售比例与专利产出的促进作用。但 Cappelen et al.（2012）、Gaessler et al.（2021）等却研究发现，税收优惠并未显著增加企业新产品的开发与专利产出。鉴于我国企业存在研发操纵与策略性创新的基本事实及我国税收优惠的方式与内容，我们认为，税收优惠对企业研发产出的影响是不确定的。基于上述分析，提出如下具体假说：

假说 1：税收优惠对企业研发投入具有正向影响，但对企业研发产出的影响不确定。

不同企业在资源基础、融资约束、激励机制与经营目标等方面存在显著差异。而当面临不同约束条件时，企业会采取不同的创新策略与具体创新方式（Pavitt，1984）。具体而言，企业需要根据自身所面临的资源禀赋、发展需求和外部环境，综合评估后做出研发创新决策。然而，在不同的生命周期阶段，企业在融资约束、创新能力、发展意愿等方面，均存在明显差异，而这种差异性将直接对税收优惠政策的激励效应产生重要影响。例如，与成熟期的企业不同，处于衰退期的企业创新意愿低下，避险态度强烈，从而极大地削弱了税收优惠对企业创新投入的激励效应。类似的，不同性质、技术水平与规模水平的企业面临着不同的资源约束条件，从而导致税收优惠对不同类型企业的激励效应不同。例如，与民营企业相比，国有企业资金雄厚，且具有更加广泛的融资渠道和更低的融资成本，因此，其所面临的融资约束较小。基于上述分析，提出如下具体假说：

假说2：税收优惠对企业研发投入和研发产出的影响在不同生命周期、性质、技术水平和规模水平的企业中存在异质性。

第三节　研究设计

一、数据来源与说明

鉴于制造业企业在我国技术创新中的主体与独特地位（吴延兵、米增渝，2011；安同良等，2020），本研究以制造业上市公司为样本，并将样本期间限定为2012～2020年。原因在于，有学者通过数据匹配发现，2012年以前的上市公司研发支出数据披露不完全，低估了制造业上市公司进行研发活动的比例（龙小宁、林志帆，2018；童锦治等，2018）。原始数据主要来源于国泰安中国经济金融研究数据库（CSMAR）与万德（Wind）数据库。

参照既有研究的通行做法，对数据进行了如下处理：（1）剔除ST类公司样本；（2）剔除关键变量缺失的样本；（3）为减轻异常值对估计结果的影响，对所有连续变量进行了1%和99%百分位的缩尾处理。最终，本研究得到了包含1952家公司的8528个研究样本。

二、变量定义与描述

（一）企业创新

目前学术界对企业创新测度已形成共识的有两大类基本指标，即以研发投入为代表的创新的起点和以专利申请为代表的创新的终点（安同良等，2020）。在研发投入方面，借鉴既有文献的做法（郭玥，2018；刘诗源等，2020），以研发支出占营业收入的比重衡量企业研发强度。在研发产出方面，学者们一般认为，专利申请量比授予量更能真实反映创新水平，因为专利授予需要检测和缴纳年费，存在更多的不确定性和不稳定性（黎文靖、郑曼妮，2016）。因此，本研究以专利申请量衡量企业研发产出。参照既有文献的通行做法，为削弱被解释变量数值过大引致的异方差和估计系数过小等问题的干扰，对专利数量和发明专利数据加 1 后取自然对数（顾夏铭等，2018）。

（二）税收优惠

税收优惠政策是国家通过采取与现行税制基本结构相背离的税收制度给予纳税人的各种优惠性税收待遇，使其税负减轻，进而达到补贴特定纳税人及其活动的目的，促进和扶持经济发展的一种特殊支出（柳光强，2016）。在国际上，衡量一国税收优惠的通行指标为 McFetridge & Warda（1983）设计的 B 指数，B 指数越低，说明税收优惠力度越强（江静，2011；Knoll et al.，2021），但遗憾的是，我国并未公布相关 B 指数。在我国采取的各种创新激励税收政策中，企业所得税是创新激励政策的主体（李文，2007；贺娜、李香菊，2021）。此外，所得税优惠包括税率优惠、税基优惠（应纳税所得额）和税额优惠，其综合体现为实际所得税率（Effective Tax Rate）的降低（吴文锋等，2009）。有鉴于此，本研究以企业所得税的法定税率与实际税率之差衡量税收优惠，该度量方法能够综合体现税率优惠、税基优惠与税额优惠。事实上，杨杨等（2013）、储德银等（2017）、陈远燕等（2018）等学者也采用该思路度量税收优惠。

（三）控制变量

参照既有主流研究的做法，本研究选取企业规模、企业年龄、流动比率、固定资产比率、资产收益率、现金流比率、托宾Q值、增长率为控制变量。具体的变量描述与定义参见表6－1。

表6－1　　变量描述与说明

变量类型		变量名称	变量定义与描述
被解释变量	研发投入	研发强度	研发支出/营业收入
	研发产出	申请专利	专利（发明、实用新型和外观设计）申请数量，加1取自然对数
解释变量		税收优惠	企业所得税税收优惠＝法定税率－实际税率
控制变量		企业规模	企业总资产，取自然对数
		企业年龄	企业成立的年数，取自然对数
		流动比率	流动资产/流动负债
		固定资产比率	固定资产/总资产
		资产收益率	净利润/总资产
		现金流比率	现金流/总资产
		托宾Q值	（股权市值＋净债务市值）/总资产
		增长率	营业收入增长率

（四）变量描述

表6－2的相关变量的描述性统计结果显示，在本研究样本中，企业研发投入占营业收入的均值为4.52%，但最大值与最小值分别为15%与0，这说明不同企业之间的研发投入存在明显差异。专利申请的统计数据同样证实了企业创新之间的这种差异。样本企业的平均税收优惠为11.5%，可见，在各种税收优

惠政策下，我国制造企业的实际税率远低于法定税率。当然，不同性质、规模与行业的企业，享受的税收优惠力度存在明显差异。例如，表 6－2 显示，税收优惠的最小值为 0.7%，而最大值却为 23.8%。

表 6－2　　　　主要变量的描述性统计结果

变量名称	观测值	最小值	最大值	均值	中位数	标准差
研发强度	8528	0	0.15	0.0452	0.0386	0.0332
专利	8528	0	6.221	0.832	0	1.657
税收优惠	8528	0.007	0.238	0.115	0.112	0.0446
企业规模	8528	20.02	25.63	22.00	21.85	1.162
企业年龄	8528	1.609	3.401	2.736	2.773	0.356
流动比率	8528	0.561	16.86	2.881	1.949	2.711
固定资产比率	8528	0.0188	0.588	0.22	0.197	0.127
资产收益率	8528	0.0029	0.219	0.0634	0.0539	0.0447
现金流比率	8528	－0.342	0.218	－0.0239	－0.012	0.102
托宾 Q 值	8528	0.945	6.632	2.094	1.778	1.059
增长率	7916	－0.322	1.703	0.185	0.129	0.301

三、计量模型与实证方法

为定量考察税收优惠对企业创新的影响效应，本研究设定如下的双向固定效应模型：

$$Y_{it} = \beta_0 + \beta_1 taxprefer_{it} + \sum X_{it} + \varphi_i + \pi_t + \varepsilon_{it} \qquad (6.1)$$

其中，被解释变量 Y_i 是衡量企业创新的指标，主要包括研发投入与研发产出变量；解释变量 $taxprefer_{it}$是衡量税收优惠的指标，X 是影响企业创新的控制变量矩阵，ε_{it}是随机干扰项。此外，在具体的回归过程中，为控制企业层面不受时间变化的影响和宏观经济冲击，本研究还对行业固定效应与年份效应进行控制，分别以 φ_i、π_t 表示。

由于本研究的数据为非平衡面板数据，故基准回归采用双向固定效应回归方法。与此同时，考虑到上市公司的专利申请和研发支出数据服从“零值堆积与正值连续分布共存”的混合分布（龙小宁、林志帆，2018），本研究也在稳健性检验中采取了Tobit 模型进行极大似然估计。

第四节　实证结果与讨论

一、基准回归结果

表6-3 报告了模型（6.1）的基准回归结果。其中，列（1）~列（3）为研发投入对税收优惠的回归结果，列（4）~列（6）为研发产出对税收优惠的回归结果。列（1）、列（4）为简单的单元线性回归结果，列（2）、列（5）为加入控制变量的多元线性回归结果，列（3）、列（6）为进一步控制行业与时间效应的多元线性回归结果。

回归结果显示，在研发投入模型中，税收优惠的回归系数始终在1%的水平上显著为正。这说明，税收优惠对企业的研发投入产生了显著的促进作用。以列（3）为例，平均而言，税收优惠每提高1个单位，研发支出占营业收入的比重提高约2.34%。而在研发产出模型中，税收优惠的回归系数虽然为正，但并不显著。这意味着税收优惠并未显著提升企业的研发产出水平。

上述研究发现表明，我国的税收优惠政策通过降低成本、增加利润等方式，有效地加大了企业的研发投入，但却并未显著影响企业的研发产出。究其原因，可能主要与我国的税收优惠方式有关。我们都知道，在我国现行的所得税税收优惠政策中，以税基式优惠为主，而且主要集中于研发投入阶段的优惠，例如研发加计扣除、固定资产加速折旧等，而对于研发产出阶段的税收优惠较少，且存在门槛高、限制条件多等问题，因而极大地削弱了税收优惠政策对研发产出的促进作用。

表 6-3　　　　基准回归分析结果

	研发投入			研发产出		
核心解释变量：	(1)	(2)	(3)	(4)	(5)	(6)
税收优惠	0.0389*** (0.0071)	0.0257*** (0.0069)	0.0234*** (0.0068)	0.3846 (0.5563)	0.1496 (0.5728)	0.1737 (0.5819)
控制变量：						
企业规模		0.0021* (0.0011)	0.0010 (0.0012)		0.0920 (0.0879)	0.0805 (0.0881)
企业年龄		0.0094*** (0.0024)	-0.0098** (0.0049)		0.0383 (0.2268)	0.2377 (0.4404)
流动比率		0.0008*** (0.0002)	0.0008*** (0.0002)		0.0163 (0.0117)	0.0157 (0.0117)
固定资产比率		0.0025 (0.0050)	0.0027 (0.0048)		-0.0919 (0.3764)	-0.1738 (0.3743)
净资产收益率		-0.0486*** (0.0090)	-0.0478*** (0.0091)		1.6230** (0.8167)	2.0556** (0.8145)
现金流比率		-0.0006 (0.0021)	-0.0016 (0.0021)		-0.0524 (0.1990)	-0.0399 (0.2025)
托宾Q值		0.0004 (0.0003)	0.0003 (0.0004)		0.1308*** (0.0265)	0.0520* (0.0311)
营业收入增长率		-0.0073*** (0.0007)	-0.0071*** (0.0008)		-0.1580** (0.0714)	-0.1236* (0.0730)

续表

	研发投入			研发产出		
核心解释变量：	(1)	(2)	(3)	(4)	(5)	(6)
其他变量：						
年份效应	NO	NO	YES	NO	NO	YES
行业效应	NO	NO	YES	NO	NO	YES
常数项	0.0407*** (0.0008)	-0.0304 (0.0218)	0.0282 (0.0307)	0.7881*** (0.0639)	-1.6709 (1.6134)	-3.7547 (2.5331)
观测值	8528	7904	7887	8528	7904	7887

注：括号内的值为稳健性标准误（robust standard error）；***、**、*分别表示1%、5%、10%的显著性水平。

二、内生性问题讨论

内生性的问题主要源自于遗漏变量、双向因果与测量误差。尽管本研究采用的固定效应模型能够在一定程度上缓解未观测因素导致的内生性问题，但依然可能面临双向因果关系导致的内生性问题。

与直接的财政补贴相比，税收优惠政策能够降低行政负担和“挑选输家”或“挑选赢家”的风险（Dechezleprêtre et al., 2016），因而被誉为“市场友好型”政策（Czarnitzki et al., 2011）。但在中国，税收优惠与企业技术创新的双向因果关系依然可能存在。一方面，税收优惠通过降低成本、增加税后利润、改善企业融资约束等促进企业技术创新；另一方面，企业技术创新水平直接影响着税收优惠的获取与力度。在设定税收优惠门槛条件时，企业的研发投入与专利产出情况无疑是关键指标。例如，中国制定的高新技术企业认定制度，将企业研发投入与专利数量作为重要的认定标准，而通过高新技术企业认定的企业可以获得更多的税收优惠，进而产生优惠政策攫取效应（张杰、郑文平，2018）。可见，与国外税收抵免式的优惠不同，中国以税基、税率式为主的优惠政策更有可能与企业技术创新形成双向因果关系，进而导致内生性问题的产生。

相比较而言，对基于微观数据的定量分析，工具变量法在解决内生性问题中具有独特优势（陈云松，2012）。而寻找合适与有效的工具变量是工具变量法的关键。根据现代计量经济学理论，工具变量要满足两个基本条件：（1）相关性，即工具变量必须与内生变量相关；（2）外生性，即工具变量只能通过内生变量影响被解释变量（安格里斯特、皮施克，2012；赵西亮，2017）。借鉴政府补贴工具变量选取的相关思路（郭玥，2018；吴伟伟、张天一，2021），本研究以各省各年度的行业税收优惠均值作为企业税收优惠的工具变量。一方面，企业的税收优惠水平与行业的税收优惠水平满足相关性，另一方面，行业的税收优惠只能通过影响企业的税收优惠来作用于企业技术创新。

表6-4报告了2SLS的工具变量回归结果，列（1）、列（2）为研发投入对税收优惠的回归结果，列（3）、列（4）为研发产出对税收优惠的回归结果。结果显示，在考虑内生性问题后，相关研究结果与基准回归结果高度一致，即税收优惠对企业研发投入产生了显著的激励效应，但对研发产出的激励效应并不显著。

表6-4　　　　2SLS回归结果

解释变量	研发投入		研发产出	
	(1)	(2)	(3)	(4)
税收优惠	0.2673*** (0.0343)	0.0997*** (0.0353)	-0.9136 (3.1213)	-3.3734 (3.8649)
控制变量	NO	YES	NO	YES

续表

解释变量	研发投入		研发产出	
	(1)	(2)	(3)	(4)
年份效应	NO	YES	NO	YES
行业效应	NO	YES	NO	YES
常数项	0.0145*** (0.0039)	0.0376 (0.0304)	0.9372*** (0.3585)	-5.0365* (2.6098)
观测值	8528	7887	8528	7887

注：括号内的值为稳健性标准误（robust standard error）；***、**、*分别表示1%、5%、10%的显著性水平。

三、异质性分析

不同企业在现有资源、从事 R&D 活动的能力、初始条件、与前沿技术的差距以及创新策略等方面的差异将导致税收优惠对企业创新的效应迥异。为进一步厘清这种异质性影响，本研究分别从生命周期、产权、技术水平和规模水平等方面，系统分析税收优惠对企业研发投入影响的差异性。

首先，从纵向的生命周期来看，将企业划分为成长期企业、成熟期企业与衰退期企业。需要指出的是，划分企业生命周期的方法很多。鉴于现金流模式法既能够规避行业固有差异的干扰，也避免对生命周期的样本分布进行主观假设，具有较强的可操作性和客观性（刘诗源等，2020），因此，本研究采取现金流模式法对企业生命周期进行划分。最终，在本研究样本中，成长期、成熟期与衰退期的样本企业分别为 4304 个、2414 个与 1169 个。

表 6-5 的回归结果显示，税收优惠的回归系数及显著性在不同生命周期存在明显的差异，这表明，税收优惠对企业研发投入的影响存在显著的生命周期异质性。具体而言，税收优惠对成

长与成熟期企业的研发投入产生了显著的促进作用，但对衰退期企业的研发投入影响为负且不显著。此外，从影响效应来看，税收优惠对成熟期企业研发投入的影响效应大于成长期。这种影响效应的差异性可能与企业不同阶段的融资约束、研发经验与发展战略密切相关。

表 6-5　税收优惠对企业研发投入的影响：生命周期异质性

	成长期	成熟期	衰退期
核心解释变量：	(1)	(2)	(3)
税收优惠	0.0310*** (0.0087)	0.0404** (0.0174)	-0.0032 (0.0163)
控制变量	YES	YES	YES
年份效应	YES	YES	YES
行业效应	YES	YES	YES
观测值	4304	2414	1169

注：括号内的值为稳健性标准误（robust standard error）；***、**、* 分别表示1%、5%、10%的显著性水平。

其次，从横向的产权性质、技术水平和规模水平来看，根据企业股权性质，将样本划分为国有企业与非国有企业；根据技术水平高低，将样本划分为高技术企业与中低技术企业[①]；根据规模水平，将样本划分为大型企业与中小型企业[②]。

---

① 按照国家统计局《高技术产业（制造业）分类（2017）》的标准，高技术产业（制造业）是指国民经济行业中R&D投入强度相对高的制造业行业，具体包括：医药制造，航空、航天器及设备制造，电子及通信设备制造，计算机及办公设备制造，医疗仪器设备及仪器仪表制造，信息化学品制造等6大行业。

② 按照国家统计局《统计上大中小微型企业划分办法（2017）》进行规模划分。但考虑到本研究样本为上市公司，因此小型与微型企业较少，故而将样本区分为大型企业与中小型企业两种类型。

表6－6的回归结果显示，税收优惠对企业研发投入的影响效应在不同技术水平和规模水平的企业中存在显著的异质性，但对不同产权性质企业的影响效应不存在明显差异。具体而言，税收优惠对国有与非国有企业的研发投入均产生了显著的促进效应，但税收优惠仅对中低技术企业与大型企业的研发投入产生了显著的促进作用，而对高技术企业与中小企业的研发投入的影响并未通过显著性检验。

税收优惠对企业研发投入影响的上述异质性，可能的原因包括：第一，由于面临更有限的市场机会和更强的融资约束，R&D较低的企业更有可能申请税收激励计划。与此同时，由于他们的初始R&D水平较低，因此，税收优惠对这些企业的R&D投入产生更大的挤入效应（Castellacci & Lie，2015）。此外，与国外不同，我国针对研发投入采取的是加计扣除方式，而非税收抵免方式，从而导致加计扣除所形成的税收优惠程度与企业适用的税率直接相关。在中国，高技术企业的所得税税率显著低于中低技术企业，从而导致其享受的研发加计扣除优惠力度显著低于中低技术企业，进而导致其税收优惠未能发挥显著的激励效应。第二，凭借所积累的技术知识和研发能力，大型企业将创新资源转化为创新产出的能力更强。在“成功孕育成功”（success－breeds－success）与累积（cumulativeness）机制下，大型企业的税收优惠产生了更大效应。此外，我国加计扣除等税收优惠政策并未给予中小企业特别关注。而事实上，与大型企业相比，中小企业由于自身资源禀赋所限，更加需要扶持与关注。本研究的实证结果也显示，现有的普惠性优惠政策，并未显著促进中小企业的研发投入。因此，如何进一步增强中小企业的研发动力与能力，尚需进一步加大对其税收优惠力度并完善税收优惠方式。

表 6－6　税收优惠对企业研发投入的影响：产权、技术与规模异质性

核心解释变量：	国有企业	非国有企业	高技术企业	中低技术企业	大型企业	中小型企业
税收优惠	0.0230** (0.0111)	0.0214** (0.0084)	0.0267 (0.0166)	0.0189*** (0.0069)	0.0221*** (0.0067)	0.0035 (0.0388)
控制变量	YES	YES	YES	YES	YES	YES
年份效应	YES	YES	YES	YES	YES	YES
行业效应	YES	YES	YES	YES	YES	YES
观测值	2077	5810	2298	5589	7280	607

注：括号内的值为稳健性标准误（robust standard error）；***、**、*分别表示1%、5%、10%的显著性水平。

四、稳健性检验

为考察本研究结论的稳健性，本研究进行如下两个方面的稳健性检验。第一，在样本方面，采用缩尾前的样本进行再次回归，结果见表6－7。列（1）为企业研发投入对税收优惠的回归结果，结果显示，税收优惠变量的回归系数依然在1%的水平上显著为正。列（2）为企业研发产出对税收优惠的回归结果。结果显示，尽管税收优惠的回归系数为正，但在统计上并不显著。第二，在回归方法方面，鉴于企业研发投入与研发产出数据的"零值堆积与正值连续分布共存"特征，采用Tobit模型进行再次回归。列（3）为企业研发投入对税收优惠的回归结果，列（4）为企业研发产出对税收优惠的回归结果。结果表明，税收优惠对企业研发投入产生了显著的正向影响，但对企业研发产出的影响不显著。综上所述，稳健性回归结果与本研究的基准分析结论高度一致，这表明本研究的主要结论高度稳健，不受样本处理与回归模型的显著影响。

表 6－7 稳健性估计结果

解释变量	采用缩尾前的样本估计		Tobit 模型估计	
	(1)	(2)	(3)	(4)
税收优惠	0.0261*** (0.0085)	0.1912 (0.5824)	0.1226*** (0.0069)	0.2545 (1.8371)
控制变量	YES	YES	YES	YES
年份效应	YES	YES	YES	YES
行业效应	YES	YES	YES	YES
常数项	0.0139 (0.0366)	－2.6354 (2.4945)	0.0683*** (0.0154)	－26.2449*** (3.8065)
观测值	7887	7887	7887	7887

注：括号内的值为稳健性标准误（robust standard error）；***、**、*分别表示1%、5%、10%的显著性水平。

第五节 本章小结

既有研究关于税收优惠对企业创新的影响效应存在明显的争议性。基于此，本研究以制造企业为研究对象，并充分考虑2012年以前的上市公司研发支出数据披露不完全的基本事实，采用双向固定效应模型，实证考察税收优惠对企业研发投入和研发产出的影响效应。研究结果显示，税收优惠显著促进了企业的研发投入，但并未显著影响企业的研发产出。在考虑了双向因果导致的内生性问题后，相关研究结论依然成立。鉴于不同企业在现有资源、从事R&D活动的能力、初始条件、与前沿技术的差距以及创新策略等方面的差异性，本研究分别从纵向的生命周期与横向的企业性质、行业、规模等视角，进一步开展了异质性分析。研究发现，税收优惠对企业研发投入的影响效应在不同生命周期、技术水平和规模水平的企业中表现出明显的异质性。具体而言，税收优惠对成长与成熟期企业的研发投入产生了显著的促进作用，但对衰退期企业的研发投入影响为负且不显著。税收优惠对国有与非国有企业的研发投入均产生了显著的促进效应；税收优惠仅对中低技术企业与大型企业的研发投入产生了显著的促进作用，而对高技术企业与中小企业的研发投入的影响并未通过显著性检验。

第七章　税收营商环境与企业技术创新

第一节　引　　言

党的十九大报告明确提出，要坚持和贯彻新发展理念，加快建设创新型国家，让创新成为引领发展的第一动力。企业是整个国家创新的主体，也是科技创新最重要的实践者和推动者（黎文靖等，2016）。然而，企业的创新发展离不开相应的制度环境，换而言之，企业的创新发展需要良好的营商环境。正因为如此，我国政府高度重视营商环境的持续优化，多次强调要营造稳定、公平、透明、可预期的营商环境。税收营商环境是营商环境的重要组成部分（张国钧，2018；刘尚希等，2019）。一直以来，为更好地激发市场主体活力，助推企业创新发展，税务部门深入推进“放管服”改革，着力打造法治化、便利化、国际化的税收营商环境。那么，税收营商环境是否影响了企业的技术创新？影响效应如何？对这些问题的回答便是本章研究的核心工作。

第二节 文献综述

在政府不断深化“放管服”改革、持续优化营商环境的背景下，作为营商环境重要组成部分的税收营商环境问题引起了财税学者们的广泛研究与讨论。归纳起来，现有研究主要聚焦于税收营商环境的问题与对策、国际比较等方面。此外，少量研究讨论了营商环境的创新效应。

在问题与对策方面，冯杰（2018）认为税收领域的“放管服”存在以下问题：一是对税收“放管服”改革仍存在认识上的偏差，容易侧重于关注改革的数量，而忽视了改革的质量；二是推进“放管服”改革的税收制度基础还不够牢固；三是由税收制度设计导致的企业微观税负现实与盈利能力不匹配；四是“放管服”改革中有关税收征管的机制尚不够健全；五是“放管服”改革中纳税服务的作用没有充分体现。葛玉御（2017）则基于税收治理影响营商环境的内在逻辑，认为税收治理改善营商环境的不足表现为“放管服”的制度基础尚不够坚实、简政放权与强化管理的协作不足、纳税服务的“缺位”与“越位”等方面，并从“三位一体”推进简政放权、“三足鼎立”加强税收管理、“双管齐下”优化纳税服务等方面提出对策建议。在对我国税务营商环境现状描述的基础上，王晓洁等（2017）从原有的涉税信息化管理与新的税收征管模式和管理方式不匹配、信息共享机制尚未健全、由“管理”向“服务”转变的税收征管理念构建不到位等方面阐述了存在的主要问题，并在此基础上，从提升税务部门信息化管税能力、借鉴国际经验出台专门法规助力以税务部门为主体的信息共享机制的提升、加强管理积极防范税收风险等方面提出相应的政策建议。

在国际比较方面，罗秦（2017）分别从优化与恶化税收营商环境两方面总结了国际经验与教训。其中，优化税收营商环境的代表性举措包括减轻税负、降低纳税成本。而恶化税收营商环境的举措主要包括加重税收负担、致使纳税复杂化等。基于世界银行联合普华永道发布的《纳税营商环境报告》，张景华等（2018）对我国及其他经济体的纳税营商环境进行纵向及横向比较。他们研究认为，近年来，我国在改善企业纳税营商环境方面取得了较大成就，但在纳税营商环境全球整体排名中仍处于中下游水平，与我国经济总量大国地位不相匹配，在某些具体领域依然存在较大的优化空间。类似的，王志荣（2019）通过梳理各国在税收营商环境方面的改革经验，从优化税制设计、优化服务方法等方面总结了国际改革的具体措施。

在营商环境的创新效应方面，王永进等（2018）基于行政审批视角，实证考察了行政审批制度改革对企业创新的影响。研究发现，通过降低企业交易的制度性成本，行政审批中心的建立，显著提升了企业的创新水平。基于上市公司数据，张美莎等（2019）研究表明，优化营商环境可以提升金融发展对创新项目的资本配置总量和效率，进而促进企业技术创新。夏后学等（2019）则基于世界银行对中国企业的调查数据，研究发现，优化营商环境显著影响企业寻租与市场创新的关系，对消除寻租影响、促进创新有积极作用。

通过上述文献归纳不难发现，现有研究主要从理论上探讨了税收营商环境的问题与对策，关于税收营商环境的定量分析十分匮乏。此外，在少量的关于营商环境的创新效应研究中，缺乏税收营商环境的专门研究。有鉴于此，为了补充与发展现有的相关研究，本研究利用世界银行对中国企业的微观调查数据，实证考察了税收营商环境对企业技术创新的影响效应及异质性。

第三节　研究设计

一、数据来源与说明

本研究的数据源自于世界银行在 2011 年 12 月至 2013 年 2 月展开的中国企业调查[①]。此次调查根据企业注册域名采用分层随机抽样方法，共计调查了 2848 家企业，其中民营企业 2700 家，国有企业 148 家。调查的受访者主要为企业总经理、人力资源经理、会计师和其他相关职员。该调查数据涵盖了制造业和服务业的 27 个行业，样本企业涉及的区域覆盖了中国东、中、西三大区域的 25 个主要城市。调查数据包含企业 2011 年的基本信息、竞争环境、创新与科技、政企关系、税收征管与税收负担等方面的丰富信息。由于服务业没有报告具体的创新活动，因此，本研究的样本仅涵盖了制造业样本。在此基础上，根据研究需要，剔除了关键变量信息缺失、不回答（不适用、不知道）等无效样本[②]。最终获得 1528 个有效样本。由于该数据信息量大、质量高、代表性强，受到学者们的广泛使用。例如，吕铁等（2015）、林志帆等（2017）、傅宇等（2018）、夏后学等（2019）等使用该调查数据，分别研究了劳动力市场管制、税收负担、财政补贴、合作研发等对企业技术创新的影响。因此，本研究将借助该调查数据，充分利用其丰富的企业特征信息，从微观层面实证研究税收营商环境对企业技术创新的影响效应及其异质性。

① 需要说明的是，世界银行目前公开的最新数据就是 2011 年的调查数据。

② 需要指出的是，在该调查数据中，由于 100% 国有控股企业未给出具体行业信息，故而不能控制行业效应。因此，本研究对该样本进行了删除，从而将本研究的样本主要聚焦于民营企业。

二、变量定义与描述

（一）被解释变量

本研究的被解释变量为企业技术创新。与研发投入相比，创新产出更直观地体现了企业的创新水平（吴延兵，2007）。基于此，本研究以新产品来衡量企业技术创新，这也是国内外众多学者的主要做法（Aschhoff & Sofka，2009；吕铁等，2015；林志帆等，2017；Saastamoinen et al.，2018）。具体变量定义参见表7－1。此外，表7－2的统计信息显示，在本研究样本中，有44%的企业在过去三年里进行了技术创新。

（二）解释变量

本研究解释变量为税收营商环境，从税率水平和税收管理两个维度加以衡量。原因在于，世界银行发布的纳税环境主要包括纳税次数、纳税时间、总税率与社会缴纳费率、税后流程等四项关键指标，这些指标归纳起来主要包括税制设计、税收征管和纳税服务（葛玉御，2017）。税率水平主要是由税制设计决定，反映的是总税率情况，税收管理则主要体现为税收征管与纳税服务，反映的是纳税次数、纳税时间、税后流程等情况。可见，税率水平与税收管理可以较好地反映税收营商环境。

表7－1　变量定义

变量名称	变量定义
技术创新	通过“过去三年内，企业是否推出了新产品或服务”问题来测度，将回答“是”的企业赋值为1，其他为0
税率水平	通过“税率水平对企业运营造成的障碍程度”问题来测度，分别赋值为0～4，值越大，说明企业主观评价的税率水平越高
税收管理	通过“税收管理对企业运营造成的障碍程度”问题来测度，分别赋值为0～4，值越大，说明企业主观评价的税收管理水平越高

续表

变量名称	变量定义
研发活动	通过“过去三年内，企业内部是否发生研发支出”问题来测度，将回答“是”的企业赋值为1，其他为0
企业规模	通过“2011年企业的在职职工人数”来测度，取自然对数
企业存续年限	通过“2012～企业正式注册时间”方法来测度，取自然对数
所有权性质	通过“政府控股比例情况”问题来测度，将“政府控股比例超过50%”的企业定义为国有企业，赋值为1，其他为0
分公司属性	通过“企业是否为大公司的一部分”问题来测度，将回答“是”的企业赋值为1，其他为0
外资持股	通过“外国个人、企业或机构持股情况”问题来测度，将持股比例大于0的企业赋值为1，其他为0
出口状况	通过“2011年企业产品是否存在直接或间接出口行为”问题来测度，将存在出口行为的赋值为1，100%在国内销售的赋值为0
人力资本	通过“全职生产性员工的平均受教育年限”来测度，取自然对数
高管经历	通过“总经理的工作经历年限”来测度，取自然对数
高管性别	通过“总经理是否为女性”问题来测度，将回答“是”的赋值为1，其他为0
灰色竞争环境	通过“非正规部门竞争者的活动对企业运营的障碍程度”问题来测度，分别赋值为0～4，值越大，说明企业主观评价的竞争越为激烈
融资环境	通过“融资可获得性对企业运行的障碍程度”问题来测度，分别赋值为0～4，值越大，说明企业主观评价的融资环境越差
法治环境	通过“司法系统是公平、公正且廉洁的同意程度”问题来测度，分别赋值为1～4，值越大，说明企业主观评价的法治越公平

（三）控制变量

为减轻因遗漏关键变量而导致的估计偏差，本研究进一步控制被现有国内外研究广泛证实对企业技术创新产生影响的企业特征变量与制度环境（Almus & Czarnitzki，2003；Aschhoff & Sofka，2009；吕铁等，2015）。其中，研发活动用以度量企业研发投入对创新产出的影响；企业规模、企业存续年限、所有权性质、分公司属性、外资持股等用以度量企业基本特征对创新产出的影响；出口状况用以度量企业出口行为对创新产出的影响；人力资本用以度量企业员工教育水平对创新产出的影响；高管经历与高管性别用以度量企业高管特征对创新产出的影响，这主要受到傅宇等（2018）等相关研究的启发。此外，在发展中国家，产权制度安排尚不完善，市场经济尚不成熟，法治建设也不健全，这些制度因素对企业创新行为施加了更多的约束条件（吴延兵，2007），因此，在回归过程中有必要控制这些制度变量。灰色竞争环境、法治环境与融资环境用以度量制度环境对企业创新产出的影响，相关变量的度量方法主要参考了于文超等（2018）基本做法。除此之外，本研究还在估计方程中控制了城市固定效应与行业效应，以控制那些不可观测效应对企业技术创新的重要影响。

表 7－2　　主要变量的描述性统计结果

变量名称	观测值	最小值	最大值	均值	中位数	标准差
技术创新	1528	0	1	0.44	0	0.50
税率水平	1528	0	4	0.93	1	1.06
税收管理	1528	0	4	3.26	0	0.91
研发活动	1528	0	1	0.40	0	0.49
企业规模	1528	0.69	9.66	3.42	3.40	1.18
企业存续年限	1527	0	4.83	2.42	2.40	0.51
所有权性质	1528	0	1	0.04	0	0.20
分公司属性	1528	0	1	0.10	0	0.30
外资持股	1528	0	1	0.07	0	0.26
出口状况	1528	0	1	0.33	0	0.47

续表

变量名称	观测值	最小值	最大值	均值	中位数	标准差
人力资本	1528	0	2.89	2.30	2.20	0.19
高管经历	1528	0	3.85	2.73	2.71	0.48
高管性别	1528	0	1	0.08	0	0.27
灰色竞争环境	1528	0	4	0.82	1	0.85
融资环境	1528	0	4	0.82	1	0.86
法治环境	1528	0	4	0.23	0	0.50

三、计量模型与实证方法

本研究的被解释变量是一个二值变量，故而不能采用最小二乘法（OLS）。有鉴于此，本研究采用被现有文献广泛使用的 Probit 模型对方程进行极大似然法估计（MLE）。具体而言，为实证考察税收营商环境对企业技术创新的影响，本研究设定如下的基本回归模型：

$$Y_i = \beta_0 + \beta_1 Taxrate_i + \beta_2 Taxma_i + \sum X + \mu_i \tag{7.1}$$

其中，被解释变量 Y_i 是衡量企业技术创新的指标，解释变量 $Taxrate_i$ 是衡量企业主观评价的税率水平的指标，$Taxma_i$ 是衡量企业主观评价的税收管理水平的指标，X 是影响企业技术创新的控制变量矩阵，μ_i 是随机干扰项。此外，在具体的回归过程中，本研究还对城市与行业固定效应进行控制。

第四节　实证结果与分析

在实证分析中，本研究首先研究了税收营商环境对企业技术创新的影响效应，回归结果由表 7－3 给出。随后本研究进一步从企业规模与企业存续年限两个维度，对税收营商环境影响企业技术创新的异质性展开讨论，实证结果由表 7 - 4 给出。

一、基本回归结果

根据前文设定的计量模型，借助 STATA 软件，本研究对税收营商环境影响企业技术创新的效应展开了极大似然估计，相关估计结果由表 7 - 3 列出。其中，模型（1）是企业技术创新对税收营商环境变量的简单回归结果，模型（2）是在模型（1）的基础上进一步加入其他控制变量的回归结果，模型（3）则是进一步控制城市效应与行业效应的回归结果。估计结果显示，税率水平的估计系数为负，而且均在 10% 的显著性水平上显著。税收管理的估计系数为正，而且均在 5% 的显著性水平上显著。这表明，税收营商环境对我国企业技术创新具有显著的影响。

具体而言，以模型（3）为例：税率水平每提升一个单位，企业技术创新的概率就下降 5.54% 左右，且该变量通过了 10% 的显著性水平；税收管理水平每提升一个单位，企业技术创新的概率就上升 7.56% 左右，且该变量通过了 5% 的显著性水平。这表明：其一，企业主观评价的税率水平与技术创新显著负相关，而企业主观评价的税收管理水平与技术创新显著正向相关；其二，在税收营商环境中，相比税率水平，税收管理在促进企业技术创新过程中产生了更为显著、更大的效应。对于该基本回归结果，本研究给出的理论解释为：首先，税率水平不仅直接影响着企业技术创新的收益，而且影响着企业可供研发投入的资金状况。税率越高，企业税收负担就越重，资金流转率就越低，可用于研发创新的资金就越少，因此，二者呈现显著的负向关系。其次，以税收征管、纳税服务为核心的税收管理通过执法方式、税务执法、打击偷骗税等方式，对公平竞争的市场环境产生重要影响，进而影响企业技术创新。执法越为规范，市场环境越为公平，企业技术创新的热情越为高涨。此外，纳税服务越为优质，企业办税成本越为低廉，作为市场创新主体的活力就越能被激发和释放出来。总之，税收管理水平越高，企业技术创新的概率就越高。本研究的这一结论一方面表明了税收营商环境对企业技术创新的重要作用，另一方面则表明在优化税收营商环境时既要统筹兼顾，也要突出重点，抓住关键。

控制变量方面，本研究发现，研发活动、所有权性质、分公司属性、人力资本、融资环境等对企业技术创新产生了显著的影响，而企业规模、企业存续年限、外资持股、出口状况、高管经历等变量对企业技术创新的影响未能通过显著性检验。

表 7－3　　税收营商环境对企业技术创新的影响：基本回归结果

变量	模型（1）	模型（2）	模型（3）
税率水平	－0.1211*	－0.1448**	－0.1375* [－0.0554]
税收管理	0.3564***	0.3687***	0.1965** [0.0756]
研发活动	1.3268***	1.2936***	1.3289***
企业规模		－0.0551	－0.0244
企业存续年限		0.0939	0.0268
所有权性质		－0.4872***	－0.6312***
分公司属性		0.4286***	0.3079**
外资持股		－0.0746	－0.0699
出口状况		0.1630*	0.0884
人力资本		0.1828	0.8294***
高管经历		－0.0479	0.1323
高管性别		－0.0220	－0.0626
灰色竞争环境		0.1513***	0.0800

续表

变量	模型（1）	模型（2）	模型（3）
融资环境		0.0060	0.1390 **
法治环境		0.0108	-0.0582
行业效应	NO	NO	YES
城市效应	NO	NO	YES
常数项	-0.8787 ***	-1.5504 ***	-4.5424 ***
Wald chi2 值	409.58 ***	465.00 ***	520.80 ***
Pseudo R^2	0.2172	0.2375	0.3545
观测值	1528	1527	1526

注：受篇幅所限，本研究略去了稳健性标准误；方括号中的数值为边际效应值；*、**、*** 分别表示在 10%、5% 和 1% 的显著性水平上显著，下表同。

二、异质性分析

在技术创新过程中，不同类型的企业面临着不同的约束条件，因此，税收营商环境对企业技术创新的影响在不同类型的企业中可能具有不同的效应。为了实证检验上述假说，本研究分别从企业规模与企业存续年限两个重要的方面①，进一步讨论税收营商环境影响企业技术创新的异质性，相关结果由表 7-4 给出。

估计结果显示，在企业规模与企业存续年限方面，税收营商环境对企业技术创新的影响均存在异质性。具体而言，在企业规模层面，税率水平对企业技术创新的影响主要反映在小型企业中，而在大中型企业中，估计系数尽管也为负，但不显著。而税

① 本研究未从所有制性质维度展开讨论的原因在于，本研究中的国有企业样本量过少（只有 65 个样本），难以展开计量回归。此外，企业规模划分方法为：将员工数不超过 20 的企业定义为小型企业；员工数介于 20～99 的企业定义为中型企业；员工数大于 99 的企业定义为大型企业；新旧企业划分方法为：将“成立时间不足 5 年的企业”定义为新成立企业，其他为非新成立企业。

收管理对企业技术创新的影响则主要体现在中型企业中，在小型与大型企业中，估计系数不显著。在企业年龄层面，税率水平与税收管理对企业技术创新的影响主要反映在新成立的企业中，而在非新成立的企业中，相关估计系数不显著。上述研究结果表明，在促进企业技术创新过程中，税收营商环境对不同类型的企业产生了不同的效应，因此，优化税收营商环境应当分类施策，精准发力。

表 7－4　税收营商环境影响企业技术创新的异质性

变量	小型企业	中型企业	大型企业	新成立企业	非新成立企业
税率水平	－0.3439*	－0.1578	－0.0442	－0.2141*	－0.0215
税收管理	0.0407	0.2290*	0.1681	0.2653*	0.0153
控制变量	YES	YES	YES	YES	YES
常数项	－3.6896***	－3.7356***	－4.3756***	－4.1976***	－4.4611***
Wald chi2 值	195.31***	268.34***	207.58***	300.41***	316.55***
Pseudo R^2	0.4478	0.3907	0.3683	0.4267	0.3294
观测值	366	623	497	742	776

注：***、**、*分别表示1%、5%、10%的显著性水平。

第五节　本章小结

企业的创新发展离不开相应的制度环境，而税收营商环境是重要的制度环境。然而，学术界鲜有关于税收营商环境对企业创新的定量研究。基于此，本研究利用世界银行对中国制造业企业的调查数据，实证分析了税收营商环境对企业技术创新的影响。研究发现，税收营商环境对企业技术创新具有显著的影响效应。具体而言，企业主观评价的税率水平对其技术创新产生了显著负向影响，而企业主观评价的税收管理水平对其技术创新产生了显著的正向影响；与税率水平相比，税收管理在促进企业技术创新过程中产生了更为显著、更大的效应。进一步的异质性分析结果表明，税收营商环境对技术创新的影响效应主要体现在中小企业与新成立企业中。上述研究结论对如何进一步优化我国的税收营商环境，以更好地促进企业创新发展具有重要的启示意义。

第八章　国际经验借鉴

马克思在《资本论》序言中指出，“工业较发达的国家向工业较不发达国家所显示的，只是后者未来的景象”。在深入实施创新驱动发展战略、加快建设科技强国的过程中，我们不仅要认真总结改革开放40余年来的宝贵经验，也要善于从工业发达国家的发展历程中汲取有益的经验。正所谓“他山之石，可以攻玉”。

综合考虑创新指数排名、历史文化、政治经济体制等因素，本书最终选取美国、德国与日本等三个典型科技强国作为国际经验借鉴的研究对象，以借鉴它们在推动技术创新方面的主要做法与成功经验，从而为我国转向创新驱动发展提供有益启示。具体而言，本书重点介绍美国创新生态系统的构建及其政府角色、德国的研发资助体系以及日本的人力资本提升与政府信息发布者角色等主要内容。

第一节　美国创新生态系统的构建及政府角色

美国科技创新能力位居世界前列，被认为是最具创新活力的国家之一。在1901年至2021年期间，美国在自然科学领域获得的诺贝尔奖人数达267人，位居世界第一。美国保持全球科技创新领先地位的影响因素很多，但良性运转的创新生态系统无疑是其中的关键因素。事实上，自第二次世界大战以来，美国政府高度重视创新系统的构建，其创新范式已经经历了线性创新阶段和国家创新系统阶段，并从2004年开始进入到创新生态系统阶段。

一、创新生态系统的源起与发展

以美国为代表的西方国家对创新范式的研究经历了三个阶段：线性创新模式阶段（创新范式1.0）、国家创新系统阶段（创新范式2.0）、创新生态系统阶段（创新范式3.0）。本书将系统梳理这三个阶段的相关理论和政府角色，以揭示创新生态系统的源起与发展。

（一）线性创新模式阶段

20世纪20年代初，工业界对基础研究的投入较少，部分大公司设立的应用科学部门主要从事应用研究和开发研究。为了说服工业界投资于基础研究，Holland将工业的发展描述为一个连续性阶段，并于1928年提出了“研究周期”的概念，这是对线性创新模式的初步探讨。他将“研究周期”分为七个步骤：纯科学研究→应用研究→发明→工业研究（开发）→工业应用→标准化→大规模生产（Godin，2011）。随后，工业界开始重视基础科学研究。在第二次世界大战这一特殊时期中，基础研究获得了飞速发展。为了巩固战后美国的国家竞争力，Bush在1945年向联邦政府提交了一份著名报告：《科学：无止境的前沿》。该报告指出，基础研究是创新的源泉，因而政府应当支持基础研究，并正式提出了创新的线性模式：基础研究→应用研究→开发→生产经营（Leyden & Menter，2017）。线性创新模式认为，创新以单向顺序发生，从基础研究直接扩散至产品创新或工艺创新中，并由来自外部需求和企业内部科研的“双螺旋”驱动。

线性创新模式有着深厚的理论基础。新古典学派把线性创新过程看作一个“黑箱”，但他们并不关心这个“黑箱”如何运作，而重点关注市场机制在创新资源分配方面的不足之处，并论证了政府支持基础研究的必要性。基于外部性和市场失灵理论，Nelson（1959）认为“线性创新”需要政府作为基础研究的提供者，这是因为企业开展基础研究的意愿低下。具体原因包括：首先，基础研究涉及的范围太广，企业通过基础研究获得的科研成果难以转化为新产品进入市场；其次，企业从基础研究中获益需要经历应用研究和技术开发等全过程，这种长周期意味着高风险，这会导致部分关注短期生产的企业不愿意进行基础研究。Arrow（1962）认为研究开发是生产技术性知识或信息的活动，而信息具有公共品的属性，具有显著的外溢性，因此，政府应当成为基础研究活动的资助者。

综上所述，在线性创新过程中，政府应当成为基础研究活动的主导者。原因在于，基础研究具有公共品的属性和较强的正外部性，因而需要政府采用供给面政策，通过直接资助的方式来矫正市场失灵，提高社会整体福利水平。

（二）国家创新系统阶段

20 世纪 80 年代，经济学界开始尝试运用系统学的观点和方法研究创新活动。创新范式逐渐从“线性创新”阶段进入到“非线性创新”阶段，从“封闭式创新”转变为“开放式创新”。Lundvall（1985）首次提出“创新理论”的概念，认为创新系统存在众多主体。其中，大学是基础研究和科学培训的中心，私人企业则主要从事应用研究。弗里曼通过对日本创新活动与经济绩效的研究，于 1987 年首次提出了“国家创新系统”的概念。国家创新系统强调产学研协同发展，并认为创新活动是由“政府—企业—学研”三螺旋驱动的。

随后，众多学者围绕国家创新系统展开了深入研究。波特（2012）提出了国家竞争优势的钻石体系理论，认为国家创新系统中的政府应当扮演扩大钻石体系力量的角色。一方面，政府的补贴、税收和资金市场等政策会影响生产要素的供给，对新产品规格标准的制定会影响客户需求。另一方面，政府本身也可能作为需求方来推动产业发展。OCED（1997）认为，创新和技术进步是生产、分配和应用各种知识的主体之间一系列复杂关系的结果。这些主体主要包括私营企业、大学和公共研究机构及其内部人群。

综上所述，在国家创新系统阶段，政府对创新活动的支持不仅体现在基础研究方面，而且体现在市场环境建设方面。政府干预的手段主要包括保护知识产权、搭建风险投资平台、实施税收优惠与政府采购等框架性政策，并鼓励大学、科研机构与企业开展竞争性合作，进而激发市场的创新活力。

（三）创新生态系统阶段

20 世纪 90 年代后，日本进入了“失去的二十年”，而美国硅谷地区的高科技产业却异常活跃，这引发学界与社会的广泛关注。学者们开始从生态学的角度研究创新活动。Moore（1993）在竞争战略中运用生态学的理论，首次提出“商业生态系统”的理论。该理论认为，在商业生态系统中，企业、政府与消费者等组成一个共同体，互利共存、资源共享，共同维持系统的延续和发展。受此启发与影响，创新生态系统概念应运而生。在 2004 年，美国总统科技顾问委员会（PCAST）发布了两份报告：《维护国家的创新生态体系、信息技术制造和竞争力》和《维护国家的创新生态系统：保持美国科学和工程能力的实力》。报告中首次正式提出了“创新生态系统”的概念。

创新生态系统作为创新范式 3.0，在国家创新系统理论的基础上加入了用户，认为创新活动是政府、企业、学研、用户“四螺旋”驱动的结果。创新生态系统强调了用户对于企业创新的重要作用。一方面，政府通过媒体向广大用户传达国家创新战略和政策，有利于营造良好的社会创新文化和创新氛围。另一方面，企业在制定创新战略和评估产品可行性时，应当优先考虑新产品对用户的吸引力，并在此基础上整合供应链能力，以降低系统性风险。Baldwin & Hippel（2011）甚至认为，在市场竞争中，作为需求方的用户也可能成为创新主体，对企业创新产生重要影响。

随后，学者们围绕创新生态系统，展开了丰富研究。埃斯特林（2011）认为，创新生态系统可分为三大群落：研究、开发和应用，而创新生态系统的构建取决于三大群落的平衡发展。Gabriel（2017）构建的创新生态系统模型则包含了联邦政府和地方政府、大学和科研机构、高新技术企业、风险投资平台以及外部市场等主体。具体而言，利用政府和风险投资平台提供的科研经费，高校和企业研发新产品，并通过外部市场完成商业化以满足用户需求。Carayannis（2010）提出了驱动创新活动的“四螺旋结构模型”，即由政府、企业、高校与用户组成的结构模型。

综上所述，在创新生态系统阶段，需要政府、企业、中介与用户等各个系统协同发力，共同促进创新发展。此时，政府主要通过政府创新采购、风险投资政策、信息公开、新产品推广等手段，强化创新生态系统的良性运转。在系统梳理既有研究的基础上，本书认为，创新生态系统主要包含三个子系统，即政府系统、学研系统、中介系统，它们共同服务于企业集群，促使企业提供面向最终用户的新产品和新服务。

二、美国创新生态系统的构建

创新生态系统具有动态性、栖息性和生长性，系统内部主体的相互作用处于动态演变过程中。因此，政府角色也应当随着发展阶段的变化而进行相应调整。美国政府角色的扮演从主导者、直接参与者逐步地转变为辅助者、间接参与者。在整个创新活动中，有机地将“市场在资源配置中起决定性作用”与“更好地发挥政府的作用”相结合。

美国政府系统支持技术创新始于第二次世界大战后。事实上，在 1940 年以前，政府对技术创新的支持力度较小。例如，1938 年联邦政府和州政府投入的科研经费总和仅占全美科研经费的 19%（樊春良，2020）。第二次世界大战作为一个特殊因素，极大地促进了美国科学技术的发展。为了保持科技优势，美国政府开始制定科技创新政策，系统支持技术创新发展。

归纳起来，美国的科技创新政策可以分为三大类，即供给面政策、需求面政策和环境面政策。供给面政策工具主要包括直接研发资助、R&D 投入补贴、税收激励政策等，需求面政策工具主要体现为政府创新采购，环境面政策主要包括金融政策、专利政策等。结合前文的创新范式梳理内容，本书分别从学研系统、企业集群、中介系统和最终用户等四个方面，系统梳理美国政府支持创新生态系统构建的具体政策及成效。

（一）政府支持与学研系统

学研系统是由顶级大学、国家实验室和其他科研机构组成的学术团体，是基础研究的重要承担者和创新人才的培养基地。根据来自企业的需求反馈，学研系统可以将科研成果作为商品出售给企业，并为企业输送创新人才，也可以与企业进行协同研究，以深化产学研的融合。美国政府对学研系统的支持政策主要为直接研发资助和专利政策。

1. 直接研发资助

直接研发资助是指政府通过资金支持，改善大学和科研机构创新要素的资金供给状况，以激励学研系统开展基础研究。

美国政府对学研系统的直接研发资助支持始于第二次世界大战。1940 年以前，美国并不存在研究型大学，但第二次世界大战改变了美国研究开发体系，使美国政府对学术研究的支持急剧扩张。按 1930 年美元计算，联邦政府的全部科研支持经费从 1940 年的 8320 美元增加到 1945 年的峰值 13.136 亿美元（纳尔逊，2011）。政府的大规模资助极大地促进了国家实验室体系的扩张。自 1950 年以来，美国建立了 15000 多家的研究开发实验室。此外，自 1950 年美国国家科学基金会（NSF）成立后，政府高度重视基础研究，研究型大学也获得了迅速发展，学研系统初步建立。在 20 世纪 50 年代，全社会的 R&D 支出中，来自政府资金的比重连续多年在 50% 以上，1959 年更是高达 58.6%（席鹭军，2010）。

进入 20 世纪 60 年代后，为了与苏联展开军备竞赛，美国政府开始促进学研系统与军方的合作。国防部把相当一部分经费投入大学，支持工程师和科学家进行计算机、材料学、电子信息等军事技术的研究。尼克松执政时期，提倡政府、大学和研究中心在科研上联合起来，并实施了实验技术激励项目（ETIP）和实验研究开发项目（ERDIP）。这一时期，政府对学研系统的政策支持手段包括 R&D 的税收优惠、修订的反托拉斯法政策和政府创新采购政策，但直接的研发资助仍是最主要的政策工具。1960 年学研系统科研经费为 64.6 亿美元，其中政府资助了 40.5 亿美元，占比达 63%。1960 ~ 1980 年，大学和科研机构来自政府的资助占比始终高于 60%，1965 年占比达到峰值 73%。80 年代后，随着国家创新体系的建立和完善，政府对学研系统的资助规模进一步扩大，从 1981 年的 105.13 亿美元增加到 1990 年的 174.83 亿美元，1997 年更是高达 215.97 亿美元。其中，1997 年美国大学的基础研究支出高达 161.01 亿美元，占全社会基础研究支出的52%（王春法，2003）。

2000年以后，美国经济由于信息产业投资过热而出现衰退，于是政府开始采取保守的科技创新战略。但是，政府并没有减弱对学研系统的支持力度，仍然十分重视基础研究。2001～2009年，美国联邦政府对基础研究的支持经费增长37%，年均增长8%（金相郁等，2012）。奥巴马上任后，于2009～2015年先后出台了三版《美国创新战略》，均强调了基础研究的重要地位，要求国家科学基金会、能源部科学办公室和国家标准与技术研究院三大基础研究机构预算翻倍，力争全社会科研经费占GDP比重达3%。

由此可见，美国政府对基础研究的重视贯穿于第二次世界大战后的70多年中。作为基础研究的主体，学研系统受到美国政府的长期、稳定资金支持。

2. 专利政策

专利是政府向创新者授予的，在一定时期内对其某项创新成果享有独占的权利。专利政策的核心是保护专利权，目标是实现专利技术成果转化及其有效运用。

然而，美国联邦政府在早期并没有制定专利政策来促进科技成果转换，科技成果商业化主要是通过军事技术向商业技术的溢出来实现的，并由政府主导。从第二次世界大战结束到20世纪60年代末期，这种机制给联邦政府带来了巨大商业利益。通过来自军方的采购合同，学研系统也能将手中的科研成果转让。但在20世纪70年代后，随着外部环境的重大变化，通过军事技术向商业技术溢出的效应逐渐减少。

在20世纪80年代以前，来自政府的资助高校专利份额长期低于0.5%（Mowery et al.，2004）。学研系统被授权研发却不能享有研发成果，导致美国产学研脱节现象严重，研究成果转化率低下，并直接影响了美国的国家竞争力。为了缓解上述困境，美国国会通过了一系列法案，使学研系统可以获得专利所有权。1980 年通过的《史蒂文森—怀德勒技术创新法》和《拜杜法案》，允许大学和联邦实验室可享有政府赞助经费的研发成果形成的专利。1986 年通过的《联邦技术转移法案》和 1996 年通过的《国家技术转移与促进法案》进一步规定，学研系统可以利用政府资金和私人厂商进行研发合作，大学和企业可共享其产生的知识产权。

这些法案极大提高了学研系统开展科技创新活动的积极性。1980 年，只有 25 所美国大学设置技术转让办公室，但到了 1990 年，这个数字已经超过了 200 所（Bozeman，2000）。1965 年，约有 30 所大学获得了专利，而到了 1991 年，约有 150 所大学和相关机构获得了专利（Henderson et al.，1998）。1963 ~ 1984 年，高校专利平均每年增加 18.5 项，而 1985 ~ 1997 年，年均专利增加值达到 159.7 项，比 1985 年以前高出 8 倍之多（Tseng et al.，2014）。此外，学研系统专利的激增推动了学术创业。1984 ~ 1998 年，学研系统累积衍生企业 1995 家，超过了英国、法国、德国、加拿大的总和。

进入 21 世纪后，小布什总统于 2007 年颁布的《美国竞争力法案》，进一步促进了美国高校专利的许可。美国高校专利许可从 2007 年的 2051 件，上升到 2009 年的 3935 件，2017 年更是高达 4496 件（栾春娟，2018）。

可见，美国政府通过合理的专利制度安排，极大地促进了政府、企业和科研单位三方合作，让产学研深度融合，提高了科技成果转化率，从而维持了美国在国际竞争中的技术领先优势。

（二）政府支持与企业集群

企业集群是美国创新生态系统的主力军，由大企业和科技型中小企业组成。美国政府对企业集群的支持方式最为多样。其中，主要的手段包括税收激励政策、政府创新采购和 R&D 投入补贴。

1. 税收激励政策

税收激励政策是政府支持企业集群开展创新活动的主要手段之一，常用工具包括：（1）R&D 税收抵免，即允许企业从税基中扣除当年发生的 R&D 费用。（2）低税率，即对高新技术行业实行较低的税率。

美国政府支持企业集群的税收政策可以追溯到 20 世纪 50 年代。1954 年制定的《内部收益法典》第 174 条规定，允许企业在缴纳税款时全部扣除当年的研究和实验开支，企业也可以选择在研究与实验开支资本化后的 5 年内从实现收益的当月开始分期偿还，这一延期选择有利于处于发展初期的小企业。

到 20 世纪 80 年代以后，R&D 税收抵免逐渐成为美国政府的重要政策工具。里根政府时期，分别在 1981 年和 1986 年进行了两次税制改革，极大提高了企业进行创新活动的积极性。1981 年颁布的《经济复苏税法》规定，从 1981～1985 年，企业在任何一年的 R&D 如果超过前三年 R&D 的平均额，其超出额度可获得 25% 的税收减免。这一政策对企业创新活动产生了重大影响。平均而言，1 美元的税收优惠，能够刺激 0.35 美元至 0.93 美元的公司 R&D 额外支出（Cordes，1989）。在 20 世纪 90 年代，老布什和克林顿两任政府相继颁布了《收入法案》《税收削减法案》和《平衡预算法案》，进一步推行减税政策，激励企业集群开展创新活动。从数据来看，1973 年美国工业部门的 R&D 支出为 131.04 亿美元，占全社会 R&D 支出的比重为 42.4%，1981 年，上述数字分别为 354.28 亿美元和 49.1%，1997 年则分别为 1306.31 亿美元和 63.49%（陈劲和王飞绒，2005）。

进入 21 世纪后，税收激励政策仍然是美国政府支持企业集群开展创新活动的重要工具。美国政府的三任总统：小布什、奥巴马和特朗普都十分重视税收政策。小布什执政初期，提出了企业研发经费永久性税收抵免的政策。奥巴马政府延续了这一政策。特朗普执政时期，税收激励政策依然为最重要的创新政策工具。2017 年，美国政府将企业所得税的最高税率从 35% 下调到 21%，2018 年第 2 次税改又将该比例下调至 20%。

2. 政府创新采购

作为需求面的创新政策，政府对创新产品的采购，能够为新产品和新服务创造一种可见的市场需求，从而为创新的早期阶段提供最低限度的市场规模。政府通过创新采购为企业新产品提供一定规模的市场需求，进而产生创新的“需求拉动”效应，有效降低企业创新的不确定性。事实上，政府创新采购被美国政府广泛使用，并取得了显著成效。

美国的政府创新采购政策可划分为三种范式：政府主导的直接式采购（1940 ~ 1980 年），政府主导的合作式采购（1990 ~ 2006 年），政府—企业共担风险的合作催化式采购（2007 年至今）。

1949 年，美国国会通过了《联邦财产与行政服务法案》，设立了联邦事务服务总局和 11 个地方分局，负责联邦政府的创新采购工作。早期的政府创新采购主要来自国防部，目的是应对苏联的军事威胁。以集成电路为例，1962 年，美国政府购买了所有集成电路产品，1963 年的政府购买比例为 44%，直到 1968 年，政府购买占比仍在 37% 以上。20 世纪 50 年代以来，军工部门一直是计算机产品最大的购买商。在此阶段，政府主导的直接式采购促使企业研发资金用于某些特定的工业方向和领域，最大限度地推动技术进步和技术创新。

1980 年后，随着苏联的衰落，美国的政府创新采购政策不再仅仅出于国防考虑，开始把商业价值纳入采购标准。政府主导的采购模式也从直接式采购转向合作式采购，即通过与企业签订研发合同资助企业创新。在此期间，政府创新采购政策尤为关注与支持科技型中小企业。美国政府于1982年设立了小企业研发创新计划（SBIR）。该计划规定，各级政府安排至少2.5%的研发预算投入中小企业研发项目（Connell，2009）。1992年，美国政府又设立了小企业技术转移计划（STTR），通过加强公共部门与私人部门的合作伙伴关系，促进技术成果转让，鼓励小企业使用联邦科研经费进行创新活动的商业化。《购买美国产品法》规定，小企业可以得到12%的价格优惠，即只要本国中小企业的报价不高于外国供应商的112%，美国政府就应当优先采购本国中小企业的产品，从而极大地提高了小企业在政府采购市场中的竞争力。1996年联邦政府的采购合同支出为2000亿美元，小企业接收合同达411亿美元，占20%以上（庄佳林，2011）。通过政府创新采购政策，美国政府大力支持与促进中小企业创新发展。

美国政府创新采购政策所发挥的积极效应，与其不断增加采购的信息透明度与公平竞争息息相关。美国政府创新采购立法中强调的自由、竞争、公开的法治精神源于1966年的《信息自由法》，该法案要求采购人应当披露采购信息。1984年颁布的《合同竞争法案》要求联邦采购中的竞争完全公开，并规范了联邦会计总署（GAO）在听证投标中的监督作用。同年颁布的《联邦采购条例》（FAR）是联邦采购规范的核心，规定了密封投标和竞争性谈判制度。FAR第9部分规定，密封投标邀请书必须清楚地描述政府的要求，不允许不必要的限制性规范或可能不适当地限制投标人数量的要求，确保不会对竞争造成损害。FAR第15部分为政府提供了多种与供应商接触的方式：通过会议交流、书面交流、口头陈述和授标后的汇报，促进采购人与报价人之间的信息交换，政府选择价格最低的报价人，鼓励了报价人之间的竞争。

随着创新生态系统理念的产生以及2008年金融危机爆发，美国政府进一步挖掘政府创新采购政策的创新效应潜能。政府与市场共担风险的合作催化式采购范式由此形成。与以往的政府主导范式不同，该范式强调，应当通过企业竞争性的采购过程来拉动市场需求。以云计算技术为例，自2009年联邦政府开通网站以来，微软和谷歌相继与政府签订合同，从而有力地推动了该技术的产业化发展。

3. R&D 投入补贴

R&D投入补贴主要用于单个企业的研究开发活动，旨在直接增加企业的R&D投入，为企业的创新活动提供资金保障。美国政府对企业集群的R&D投入补贴可以分为两个阶段。第一阶段为第二次世界大战以后至20世纪80年代以前，该阶段的R&D投入补贴成为创新政策的主要工具；第二阶段是20世纪80代以后，该阶段的R&D投入补贴逐渐减少。

第二次世界大战后，美国政府支持企业进行应用研究和开发是为了应对冷战的需要，企业部门主要的资金来源是国防部。20世纪60年代中期，在喷气式发动机及空间系统等领域，几乎所有的R&D投入都来自国防部或美国国家航天航空局（NASA）。此外，IBM等计算机企业也获得了国防部巨额资助。在1974年能源研究与开发署（ERDA）成立后，美国政府对企业的R&D投入支持开始转向石油、煤炭、太阳能、核能等能源项目。

20世纪80年代以后，随着经济发展阶段的变化，税收政策、风险投资政策、法律政策等创新政策工具逐渐成为主角，R&D投入补贴对企业集群的支持力度越来越小。1980～1995年，美国R&D支出趋势最显著的变化是联邦政府在R&D的支出逐年下降。在1980～1985年间，联邦R&D的实际支出以每年6%的平均速度增长，而在 1985 ~ 1995 年间，通货膨胀调整后的支出以每年大约 1% 的平均速度下降（Mowery，1998）。

（三）政府支持与中介系统

中介系统是创新生态系统的配套种群，虽然不直接参与创新活动，却是重要的资源共享载体。中介系统包括风险投资公司、咨询公司、会计师事务所等机构，美国政府支持中介系统是为了更好地促进企业集群进行创新活动，主要通过制定风险投资政策来实现。

风险投资政策是政府为了解决技术创新投资不足而采取的一种制度性措施。风险资本主要来源是私人资本和风险基金。由于技术创新的前期投入巨大，但 R&D 投入补贴和 R&D 税收抵免难以满足众多创新项目的资金需求。风险投资可以极大地满足创新活动的资金需求，较好地弥补了其他创新政策的不足。

美国风险投资业的发展可以分为四个阶段：启蒙阶段（20 世纪 40 年代末至 60 年代末）、停滞阶段（20 世纪 70 年代初至 80 年代初）、发展与挫折阶段（20 世纪 80 年代初至 90 年代）、大发展阶段（20 世纪 90 年代至今）。

1946 年美国研究和发展公司的成立标志着风险投资业的产生，1958 年美国政府通过的小企业投资法（SBIC），促进了一批小企业投资公司的成立。1959 年至 1964 年成立了 710 家小企业投资公司，总投资达 6.069 亿美元。然而，1962 年后股市逆转，一些小型企业的股价很快暴跌至其账面价值的 50%，许多小型企业遇到了困难，导致它们自愿或通过清算退出 SBIC 计划。到 1972 年，50 家公众持股的小型企业中有 36 家已经清算、合并或转换为运营公司（Kenney，2011）。70 年代中期，IPO 市场基本不存在，公司并购活动也大大减少。

1978 年，资本利得税税率从 49.5% 下降到 28%，并于 1981

年进一步下降至20%。1980年通过《小企业促进投资法》，明确风险投资公司的基金投资者可以超过14人，使得企业能募集更多资金。1981年通过《股票期权鼓励法》，规定股票期权不征税，只有转让股票时才征税（张佳睿，2014）。这些政策推动了风险投资业的迅速发展，风险投资总资本从1979年的38亿美元增长到1986年的241亿美元。但1987年的股灾使得风险投资再次受挫，1991年的资本新筹资额仅有12.71亿美元。

20世纪90年代后，风险投资进入高速发展阶段，这同样离不开美国政府的大力支持。1992年通过的《小企业股权投资促进法》，政府可以为小企业投资公司公开发行的长期债券提供担保，同时代为支付利息。同年，纳斯达克小型资本市场成立，为科技型中小企业提供了低门槛的融资平台。美国风险投资的IPO数量从1990年的47家增长到2000年的238家。2003年出台的《就业与经济增长税收减免协调法案》又将资本利得税税率降至15%。2006年，美国风险总资本已经达到259.22亿美元，风险投资公司在2910家左右（胡艺，2009）。

可见，风险投资政策是政府重要的创新政策工具，美国政府通过发展中小企业投资公司，为缺乏资金的中小型科技企业，尤其是初创企业，寻找出路，解决它们的融资困难。在风险资本的推动下，英特尔公司、微软公司、苹果公司、谷歌公司等一系列高新技术企业成长起来，成为美国扩大创新活动的重要力量。

（四）政府支持与最终用户

与其他创新范式不同，创新生态系统把用户作为创新活动的一个重要主体。最终用户是新产品和新服务的消费终端，代表的是最广大消费者，也是产品质量与性能的最佳发言人。因此，以用户为导向的需求面创新政策是政府支持创新生态系统的重要工具。美国政府主要通过信息公开政策和新产品的市场推广来服务最终用户。

1. 信息公开政策

在美国，民众可以进入公共科研机构，及时了解学术科研信息。美国信息公开政策可以追溯到1966年颁布的《信息自由法》，该法案随后又经历了4次修订。它以默认公开为原则，明确了公民的“知情权”；除豁免条款外，一切政府行为产生的信息都应当公开。

21世纪后，布什总统相继出台了《电子政务战略》和《电子政务法》，明确规定，用户开始从线上搜集信息。奥巴马上任后，进一步加快了“开放型政府”的建设步伐。通过社交媒体，鼓励政府科技部门与用户双向互动，让民众更方便地了解科研信息。

美国的信息公开政策增强政府政策信息的透明度和公众参与度，有利于促进官方与民间的信息交流。用户可以通过政府档案信息了解创新研究前沿和新产品的动向，有利于营造良好的创新环境和创新文化。

2. 新产品的市场推广

为了让最终用户更快地接受新产品，政府往往会通过价格补贴、税收优惠、政府采购等其他配套政策刺激消费，加速新产品的市场推广。

以新能源汽车为例，美国政府制定了一系列支持新能源汽车扩大市场份额的政策。2005年通过的《能源法案》规定，对购买不同种类的混合动力汽车的消费者给予250美元至3400美元不等的税收减免优惠。2008年的《经济稳定紧急法案》规定，给予符合条件的电动汽车每辆最多7500美元的税收减免优惠（毕佩婷，2019）。美国政府于2009年推出了一项10亿美元的价格补贴计划。该计划规定，购置新能源汽车的消费者每加仑行驶里程数比原汽车多 4 公里即可获得 3500 美元的价格补贴。

此外，美国政府还鼓励消费者以旧换新。在《帮助消费者回收利用》法案中拨款 30 亿美元用于鼓励大排量旧车换取节能环保的新车。为了限制汽车排量，引导消费者接纳新能源汽车，奥巴马政府修订了燃油和二氧化碳的排放标准，加州实施了零排放积分政策。在配套设施方面，美国政府也投入大量资金修建充电桩和停车位，计划在 2017～2027 年投入 20 亿美元用于电动汽车基础设施修建。新能源汽车的一系列市场推广政策加快了该行业商业化进程，提高了美国本土汽车的国际竞争力，实现了节能减排的目标和经济增长。

第二节　德国的研发资助体系与主要财税支持政策

作为公认的世界科技强国，德国推动技术创新的经验做法对我国的技术创新具有重要启示意义。本节主要介绍德国的研发资助体系和主要财税支持政策。

一、德国的研发资助体系

德国的研究资助系统大致由公共部门、行业协会、基金会等构成。在 2018 年，德国研发投资超过 1040 亿欧元，许多不同的组织和机构都参与了资助研究并积极培育各类创新型人才。

公共部门提供的资金约为德国所有研发支出的 30%。例如，在 2018 年，这一支出约为 310 亿欧元。德国以联邦制原则、联邦政府与 16 个州之间的建设性合作为基础，这就要求对研究和研究经费的责任和财务费用进行有区别的分配。联邦政府和各州在资助和组织研究方面独立行动。除了资助高等教育外，公共部门还资助特别参与培养研究人才的非大学研究机构。联邦政府和各州持续为相关组织提供资金，例如，世界上最大的学生和研究人员国际交流资助组织——德国学术交流处（DAAD），以及德国研究联合会（DFG），其69%的资金来自联邦政府，30%的资金来自德国各州。[①] DAAD和DFG的主要任务是由科学家和学者选择和资助最好的研究项目，培养各种创新型人才并为政府提供相关政策建议。

在德国，企业对德国研发资金的贡献最大。例如，2018年，企业在研发方面投资超过720亿欧元。企业一般都会加入特定领域的相关行业协会，并通过各种接口与公共机构合作，打通创新链条。此外，德国公司组成的行业协会还投入大量资金培养学术人才，主要是通过资助双元制学习方案和提供实习的机会来实现。

德国的研发系统中基金会供资也占很大一部分。除了上文中提到的德国研究联合会（DFG）这一类由联邦和州供资的基金会，德国还有5000多个根据民法注册的基金会，旨在促进科学研究，资助创新企业进行科学研发。另外，在基金会中，有特别为中小企业设置的基金会，如德国复兴信贷银行，会给予中小企业融资的便利。

二、德国支持企业技术创新的财税政策

在建设创新型国家的过程中，国家的财税政策发挥着直接而关键的作用。财税政策是由政府通过直接控制和调节，从收入和支出两个方面来影响国家资源的分配，其主要工具是增加政府财政支出和税收优惠。在德国的技术创新体系中，财税支持政策贯穿始终。从创新链的角度来看，企业技术创新主要由基础研究、

① 来源于 https：//www. research - in - germany. org/。

研发、成果转化和市场化等四大环节构成。本研究分析德国政府支持企业技术创新的财税政策，主要是从创新链的四大环节进行展开。

（一）基础研究阶段

德国作为世界公认的科技强国，与政府对研发投入的大力支持是分不开的。德国政府具有其独特的研究经费体系，它一方面为基础设施和机构提供资金；另一方面支持杰出的研究人员进行特定研究活动。政府是德国主要的研究资金来源之一，近30%的研发投资由政府资助。德国是全世界政府研发投资最多的国家之一，不论是绝对值还是占GDP的比例。例如，在2018年，德国研发投资超过1040亿欧元，其中公共部门提供的研发支出约占总投入的30%，资助金额约为310亿欧元。[①]

联邦和州政府对基础研究的财税支持主要通过以下三种工具：第一，机构资金，在机构资助方面，政府直接资助1000多个非大学研究机构和240所公立高等教育机构以及DFG研究资助组织。超过三分之一的政府资金用于这种方式的财政支持。第二，项目资金，直接项目资金分配给具体的研究领域，并通过具体的方案实施。这笔资金不仅有利于高等教育机构和研究机构，同时也有利于公司。然而，与直接机构供资不同，项目供资具有中短期性质。间接项目资金主要支持中小型科研院所和企业的研究工作。第三，部门研究，各部委在科学和研究经费筹措方面发挥特殊作用。他们通过具体方案和约40个负责研发的联邦机构，引导联邦资金份额，确定自己的关键领域。德国各州和市镇还充当研究资助机构，并运营着140多个支持国家研究活动的州研究机构。这些研究所涵盖广泛的研究领域。除了由联邦和州研究机

① 来源于 https：//www. research - in - germany. org/。

构本身进行的研究外，研究合同还授予第三方。

德国对基础研发的财税支持主要是通过机构、项目、部门的方式进行资助。研究经费主要用于资助新思想和新技术的发展，从自然科学基础研究和高等教育机构的研究资金到创新资助和技术转让等，为广泛的研究提供了资金。基于以上原因，德国的研究经费的资助标准主要是从创新水平、实用工具、避免双重供资三个方面来进行衡量的。创新水平是从研究或技术角度来看，项目的创新性如何。实用工具是指研发的成功前景如何，就技术发展而言，投资是否能取得可靠的回报。考察是否双重供资是为了避免项目创意重复获得资助，而挤占了其他的项目机会。

德国政府对于企业技术创新的研究更多的是间接的管理，而非直接的控制。政府对研究进行创新资金资助时，往往选择通过中介机构（半官方或者利益相关方的组织机构）的方式，而非政府部门直接配置资金的方式。选择中介机构作为政府为创新活动提供资助的桥梁，原因有三：其一，较之政府部门，中介机构对其所负责相关领域的情况更加了解；其二，在这个过程中，专家的积极性得以调动，能够更好地发挥其作用；其三，中介机构的“桥梁”作用能够加强官民高效合作。从而，政府创新资助资金的利用效率得以提高。例如，德国研究基金会（DFG）主要职能是给政府提供关于科学创新的建议，除了在安全领域制定一定的标准之外，其职能都保持在边缘的方面。

（二）研发阶段

在研发阶段，德国政府在支持企业技术创新方面主要有财政补贴、税收减免等优惠政策。在财政投入方面，协商资金共担，多级政府联动助力科研。自 2005 年以来，联邦政府和各州缔结了《研究和创新公约》，以加强科学系统的竞争力。它适用于德国研究基金会（DFG）和四个主要的非大学研究机构：弗劳恩霍夫协会、赫尔姆霍尔茨协会、马克斯·普朗克协会和莱布尼茨协会。《研究和创新公约》的当前阶段从2016~2020年。另外，在2019年6月，联邦总理和政府首脑通过了三项联邦国家协议，为保持德国在科学和创新方面的进展，将《公约》从2021年延续到了2030年。且德国政府为保证《公约》实施的效果，在资助流程中严格规范创新行为，定期对各州资金使用情况进行审查和阶段性规划审验，以确保资金使用方向不偏离《研究和创新公约》的政策目标，一方面为跨学科和高投入、高风险的前沿科技项目提供可靠保障，另一方面保证资金管理和使用的公开透明与合规。①

财政补贴常常通过金融机构如银行来提供低息贷款。其中ERP数字化和创新计划可以资助数字化和创新项目以及创新公司的投资和资源。其目的是使德国商业经济中的创新型公司、独资企业和自由职业者能够以低利率资助德国的创新项目。金融合作伙伴（银行和储蓄银行）可选择贷款免责70%。ERP创新融资方案旨在为德国的研究提供长期低息融资，开发新产品、工艺、流程或服务，以及在德国进行实质性的进一步发展，它为成熟的中型公司提供债务和次级资本。

此外，为了进一步提高研究和创新对企业的吸引力，联邦政府通过了《促进研究和发展的税收法》，又称《税收研究资助法》。《税收研究资助法》是《所得税法》和《公司税法》的独立税收辅助法，促进了私营部门的研究和发展。在基础研究、工业研究和实验开发领域的项目凡是符合申请资格的，在德国要纳税的公司都可以要求支付津贴。公司可以申请纳税的合格支出，每个营销年度有一个200万欧元的限额。如果研究津贴高于纳税

---

① 陈强、王浩、敦帅："德国创新集群策动中政府分工与合作关系研究及启示"，《德国研究》，2020年第35期。

义务，则作为退税支付，这一举措允许处于亏损阶段的公司的研发项目进行申请。资金可以用于内部研究，也可以用于合同研究和独资企业的服务。同时，它允许将税收研究经费和其他公共支持措施相结合。《税收研究资助法》自2020年1月1日起生效，这将增加德国作为研究和创新地点的吸引力。据估计，2021～2024年的研究津贴将达到56亿欧元。

（三）成果转化阶段

德国对企业进行创新资助时，往往选择中介机构作为创新资助的桥梁，而不是政府直接投资的方式。例如，德国工业研究协会联合会（AiF），作为一个注册的非营利性协会，AiF专注于面向应用的中小企业研发。它主要促进工业和科学之间的交流，以便迅速将新的研究成果付诸实践。AiF由行业组织，通过支持研发项目的效率应用和推进，参与提高中小企业的竞争力。这包括各种应用研究领域，如过程控制、建筑工业、医疗技术和食品科学。2018年约有4.743亿欧元用于中小企业研究项目，作为联邦政府的得力合作伙伴，与联邦经济技术部、教育研究部紧密合作，成为联系科学界和经济界的重要桥梁。[①]此外，遍布德国的370家基金会技术转让中心，成为德国政府实施促进技术转移政策的重要载体。德国的技术转移中心，是由州政府的相关部门进行指导并开展工作的，运作经费一半来自州的科技基金，另一半来自工商协会。在技术信息服务上，德国政府及联邦政府通过组织相关活动，为中小企业提供科技创新信息服务和市场状态分析，以促进德国企业的技术创新成果的转化。

德国联邦政府还制定了专门面向初创型企业的大幅度减税计

① 来源于https：//www. research - in - germany. org/。

划，德国的准备金制度，是为了降低德国创新型企业的科研和投资风险而设立的，有利于创新型企业降低成果转化阶段的风险。这一政策是指将特定用途的收入作为准备金处理，而不纳入征税范围，视作税式支出。德国为企业设置的技术准备金，包括亏损准备金、坏账准备金和折旧准备金，可降低企业的创新风险和成本，且德国规定，该准备金只能在限定时间内用于企业的技术创新和科研投入。在设备折旧税收上，将中小企业折旧率从 10% 提高到 20%。如果小企业购买符合特定要求资产，政府将提供 5% ~27.5% 的财政补贴，而且可以在一般的 20% 的折旧提取的基础上加提 20% 的加速折旧优惠，这使得小企业的初始投资所必需的资产投资有所降低，同时也鼓励中小企业购买资产来扩大生产规模。

中小型企业中央创新计划（ZIM）是资助德国以市场为导向的技术研发项目。ZIM 在 2019 年的预算为 5.59 亿欧元，是支持德国创新型中小企业的最大融资计划。通过与研究机构的合作，中型企业获得了最新的科学发现，公司和研究机构之间的合作有助于商业和科学网络搭建。随着知识的直接转让，新技术知识被转化为市场就绪的产品、流程和服务，促进了科技成果的转化。另外，政府鼓励大学与企业合作研发，促进知识产权成果与商业接轨，使创新产品更快地进入市场。在技术转让方面，2019 年 3 月，联邦经济和能源部以中小企业为主要对象启动“促进技术转让计划”，强调要将科学研究成果落实到新产品和新工艺中，并尽可能满足中小企业的政策保障需求。一是鼓励大学与企业合作研发，促进知识产权成果与商业接轨，使创新产品更快地进入市场；二是帮助中小企业获得专利保护，免费提供与知识产权相关的咨询和培训服务。

德国政府致力于提升风险投资的吸引力，积极培育风险投资市场，推动形成天使投资网络，改善投融资环境，满足高成长性创新型企业的融资需求。[①] 在风险投资机构方面，德国经济再开发署（KFW）于 1989～1995 年实施"新技术企业资本运作计划（BJTU）"，为风险投资机构提供 90% 的被担保无息再投资贷款，最高贷款可达 100 万马克，且最长期限为 10 年。这项计划 KFW 可获得 40% 的投资收益，而对应的风险投资机构可获得 60% 的投资收益，只需承担 10% 的风险，从而鼓励了风险投资企业对创新企业的投入。另外，德国政府还将风险投资列入政府计划，每年拨付专项款项。1995～2000 年，在资本市场上风险投资公司的参股投资额增长了 8 倍。政府和多数风险投资公司建立了合作关系，将低息贷款大都给了参股科技园或孵化器的投资公司。德国政府这一举措促进了高新技术企业发展，加快了中小企业的科研发展和科研成果的转化进程。

在科技型人才激励方面，高层次人才是研发创新企业的核心竞争力，许多国家通过制定股权激励和企业年金的税收优惠政策，帮助企业吸引和留住高水平的技术和管理人才。以德国为代表的一些国家还通过递延纳税等形式鼓励员工长期持有公司股票。

（四）市场化阶段

在市场化阶段，政府能够采取的政策相对来说较少，大多数技术创新型国家最常见的政策就是政府采购市场中的创新型产品，德国也不例外，联邦、州、市政府对于创新产品的采购在一定程度上为企业的产品市场化铺平了道路。通过增加政府采购鼓励企业进行更多技术创新，公众对创新产品和服务的需求可以刺激企业的创新。联邦政府、各州和市政府以及上市公司每年购买超过 3500 亿欧元的服务，同时增加创新产品、服务和系统的份

① 陈强、陈玉洁："德国支持高成长性创新型企业发展的政策措施及启示"，《德国研究》，2019 年第 34 期。

额。通过这一采购方案，可以为具有创新产品和服务的创新型中小企业进入市场铺平道路。如果企业成功地向公共机构销售其创新产品，则这些销售产品是潜在发展产品。通过这一途径，政府为创新成果的市场化做出了重大贡献。

此外，在亏损弥补方面，对于初创企业，德国给予的亏损年度弥补是无限制的，也就是不限制用后面的收入弥补以前年度亏损的年限，而我国仅可用收入来弥补五年内的亏损，相对来说德国的亏损弥补政策很大程度地降低了初创企业的税收压力。

第三节　日本在中低速发展时期的创新环境及主要举措

纵观历史，日本是“技术立国”的典范，近年来日本学者频频获得诺贝尔奖就是例证。自 2000 年以来，在短短 20 年左右的时间，共计 20 人获得诺贝尔奖，而且主要集中在物理、化学、生物等自然科学领域。值得指出的是，在对两个国家的经济发展阶段进行比较时，很难找出完全相同的时代。因为每个国家都有自身不同的国情，而且所处的时代特征不一样。但从经济发展阶段、国际地位、经济结构、产业结构、面临的国际经济环境等综合特征来看，我国当前与日本 20 世纪 70 年代初期的状况颇为接近（张季风，2016）。如图 8 – 1 所示，在经济增长方面，在经历了第二次世界大战后连续多年经济高速增长后，受石油危机与公害问题的冲击，日本的经济增长率由高速转向中低速，企业创新方式由技术模仿转向自主创新。总之，20 世纪 70 年代初的日本正由经济高速增长阶段转向经济高质量发展阶段。当然，历史表明，在采取一系列有效措施后，日本以较快速度追赶上发达国家的技术水平，成功实现了经济发展的转型，并一举成为世界科技强国。因此，分析日本经济转型时期创新驱动发展的财税政策，借鉴其成熟经验并综合我国国情，对于我国科技创新发展具有较强的指导意义。

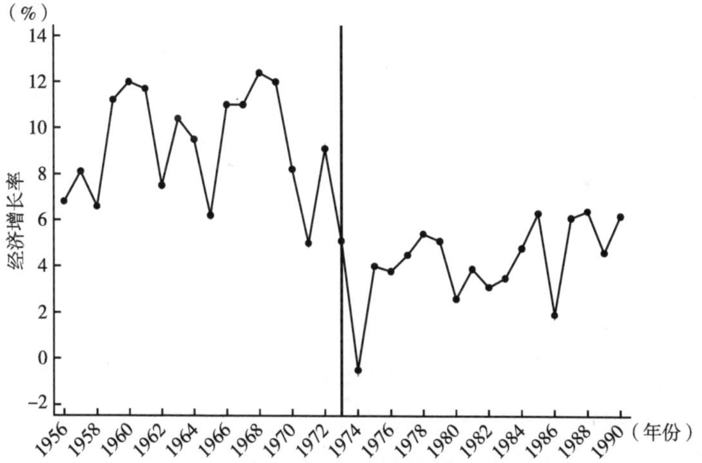

图 8-1 日本 1956~1990 年经济增长率

资料来源：张季风："重新审视'日本失去的二十年'"，《日本学刊》，2013 年第 6 期。图表由作者根据摘录数据自行制作得出。

本书将主要介绍日本在中低速发展时期的创新环境，并从人力资本提升、研究联盟与合作研究、政府信息发布者角色等主要方面，阐述日本政府支持创新驱动发展的具体措施。

一、日本在中低速发展时期的创新环境

（一）日本经济中低速发展时期的研发环境

公害问题是对低速增长期的日本科研产生重要影响的一个事件。20 世纪 60 年代初开始出现公害问题，一直持续到 70 年代末期，光化学烟雾事件和水俣病事件在日本民众中造成的影响最大，而由此引发的反公害游行示威活动对这一时期的科学技术政

策模式，即从50年代末开始推行的“产官学民”的模式产生了影响。从70年代开始，这一模式开始转变，日本民众开始对科学技术产生怀疑，社会对科学技术飞速发展产生的负面效益进行反思，要求企业承担起更多的环境保护的责任，民众的声音和力量开始对科学技术政策产生影响。

在该阶段，政府主导的国家科研机构的科技创新力量和企业的科技创新力量逐渐增强，成为日本科技创新能力提升的强劲动力。与此同时，日本的大学科技创新能力也在逐渐提升，在20世纪80年代里，日本的科技创新迎来了高潮，在国际上产生了重要的影响。

20世纪80年代以后，世界科技发展进程加快，从基础研究到商业应用的周期缩短。科学技术与社会生活的联系也更加紧密，资源、能源、环境、癌症等问题，成为科学界（基础研究）的热点，日本的社会也同样要求科学界对其进行研究，为了适应时代的变化，日本产学官合作进一步加强。

（二）日本经济中低速发展时期的研发投入

在这一阶段，虽然日本面临众多的问题，但是对于基础和应用科学的研究仍然非常重视，投入每年稳定增加。由于经济朝着低速增长过渡，对于科研的大幅度投入几乎不可能，所以日本把科研重心转向了节能、环保、绿色创新领域，投资也在逐渐增多，所以自然科学的科研投入在总科研费中的占比也非常高。

除了科研经费的投入，人才的培育也是重振经济的重要支撑，这一阶段延续了高速发展时期的人才政策，继续大力培育科研人员，科员人员数量逐年上升。但是由于经济下滑，政府对大学以及科研机构的投入逐渐减少，大学以及科研机构科研人员数量涨幅很小。20世纪80年代，国际上认为日本经济的迅猛增长是依靠欧美的技术输出，认为日本“搭便车”的言论在世界疯传，因此日本政府改变了以往的科研政策，不仅仅加大了对创新技术的投入，还加大了对大学和科研单位的投入，尤其是青年研究人才的培养和与发达国家人才交流的合作。

这一时期，日本的产业界迎来了“科研创新繁荣期”。日本政府加大对科研创新的投入，更多的是希望能够提高日本的自主创新能力，希望追上欧美发达国家的科研水平，维持日本的社会经济的发展，保证日本的核心竞争能力。因此在这批政策的影响下，日本的科研技术水平不断提升，科研机构和研究所的数量又有了大幅度的增加，日本的企业研究人员的数量也不断增加，到了该时期的末尾，日本的科研创新能力已经达到了国际一流水平。

（三）日本经济中低速发展时期的研发产出

早在20世纪70年代，日本科研实力追上当时科研实力最强者美国的时候，国际舆论就出现日本技术“搭便车”的声音。80年代，日美之间的“技术摩擦”不断加剧，这种声音就更加盛行起来，对日本政府的科研政策造成了巨大的压力，使得日本更加重视科研，国际合作得到进一步的加强。科研得到加强之后，结合大量的技术引进以及再创新，日本的科研实力迅速提升。SCI论文数快速上升，高被引论文数也在平稳上升。

与此同时，一直都对专利非常重视的日本，在专利方面也取得了巨大的成功，专利申请数量增长迅猛。到了20世纪80年代，专利战略使得日本公司在国际竞争中占据了优势，通过两次建立企业研究所所积攒的经验，日本产业界的科研专利战略达到世界一流水平，社会经济水平大幅度提升。

二、日本政府支持创新驱动发展的主要措施

（一）人力资本提升计划

为创新发展提供高质量的人力资本是日本经济发展成功转型

的关键因素之一。正如尼尔森（2012）所指出的，中高级工程师和关键工人的教育背景和技能是日本成功的三大关键因素之一。

日本在持续提升人力资本方面，最值得一提的便是政府推行的人力资本提升计划。该计划的主要举措包括以下三个方面：(1）高度重视基础教育。日本有一流的中小学教育体系，不但要求严格，而且特别强调数学和科学方面的训练，这为日本学生的再深造打下良好的基础。1970 年，以 10 岁和 14 岁儿童为对象进行的一次国际科学测验显示，与其他国家相比，日本儿童的成绩全部为优秀。日本的 10 岁儿童，在地理、化学和生物方面名列前茅；在理解能力、应用能力和推理能力方面位居首位(傅高义，2016)。(2）强调大学教育的质量，并形成以理工科为主的学科体系。与德国、美国等国家相比，日本的大学在人文社会科学方面并不突出。然而，在理工科方面，日本的大学教育不仅课程设计完善，而且训练严格、扎实。重视大学教育质量以及形成以理工科为主的学科体系，为日本制造业企业提供了一大批纪律严明、眼光长远且重视技术的企业高管（波特，2012），这对于推动日本企业的技术创新能力至关重要。(3）营造集体学习的社会氛围。日本政府积极营造集体学习的社会氛围，努力让民众将树立“学习作为一辈子的事情”的理念。为此，政府一方面大力支持报社、杂志社等机构的成长与发展；另一方面，为教育电视台拨付大量预算用于基础教育。例如，教育电视台每周举办六门外语讲座，还有对农民和企业主的特殊节目，并为不同年龄的母亲编排节目。这些举措极大地浓厚了集体学习的氛围，例如，20 世纪 60 年代后半期，日本政府举办的一个计算机讲座，获得空前反响，该讲座教材一年之内竟然销售了一百万册(傅高义，2016)。

人力资本提升计划，让自然资源匮乏的日本成功创造出高质量的人力资源，培养出一大批训练有素的高级工程师和技术工人，为日本成功转型奠定了人才基础。

（二）研究联盟与合作研究

在日本成功转型的经验中，研究联盟与合作研究被各个国家的学界与政界广泛关注。

1. 研究联盟

为促进各主体联合研究，日本于1961年颁布《矿业和制造工业技术研究联盟法》。该法律的颁布，促成了众多研究联盟的成立。在1961~1987年间，有87家研究联盟成立。在联盟成立后，日本政府对其给予了资金上的大力支持。例如，1983年，在44家研究联盟中，有38家获得了330亿日元的补贴，这相当于它们总研发支出的一半（尼尔森，2012）。研究联盟的重要性在于，通过补贴的方式支持国际贸易和工业部门引进其认为重要的技术，如半导体和计算机等。此外，研究联盟还被用于规避对于特定公司的偏爱和减少补贴使用的管理成本。但随着合作研究的兴起，研究联盟的作用日益减弱了。

2. 合作研究

合作研究是日本政府促进技术创新的重要方式。日本的合作研究一般是由政府机关（主要是通产省）、民营企业和高校等主体联合进行的。合作研究的领域主要是一些共性、通用的技术研发；而合作研究的资金由政府和企业共同提供，但企业提供的出资占主体；合作研究的最主要功能在于指引长期研究方向。一方面，它让参与企业直观地感受到所在领域的技术前沿方向；另一方面，在合作研究过程中，企业能够在一定程度上了解其竞争对手的相关研发情况，从而有助于研发部门向企业高层争取更多的内部研发预算，促进企业在研发领域的良性竞争。总之，合作研究能够助推民营企业的研发与创新活动。

（三）政府的信息发布者角色

信息发布是日本在转向创新驱动过程中的又一个意义重大的生产要素创造机制（波特，2012）。在日本企业和社会大众之间，经济信息往往是广泛流通的。政府机构、传播媒体、行业协会与其他机构交织成一个异常活跃的信息网。而在这一过程中，日本政府积极扮演信息发布者的角色，为信息的流通与活跃发挥了关键作用。通过高曝光率的官方研究报告、产学界组成的委员会、大型宣传活动、预告新技术等方式，日本政府不断唤起本国企业对新兴科学技术的注意力。

其中，不得不提的就是日本通产省的官厅机构与官员。在日本，官厅最重要的事被认为是消息要灵通。因此，日本的官厅机构会千方百计搜集信息，这些信息主要包括与行业相关的世界市场趋势、技术水平、新技术的性质等。如果搜集信息的范围超出一个官厅的主管业务，官厅的官员就会转而向与信息内容直接有关的研究所求助，或者成立特别委员会，进而获取所需要的信息。此外，各官厅不仅要搜集信息，而且需要对信息进行加工整理。

但日本政府并不设立和维持专门的调查研究机构，而是通过向民间研究所提供资金支持而获取专业和详细的信息。在日本，研究所要同有关官厅相关联，并由官厅对研究所提供经费资助，同时负责监督信息搜集工作。在日本转型过程中，亚洲经济研究所就是民间研究所的典型代表。它拥有数百个研究员，研究亚洲各国问题，是日本政府最为重要的信息来源之一。

丰富且高质量的信息成为推动日本企业技术创新的重要力量。在信息的刺激下，日本企业不仅要具有前瞻的眼光，而且要时刻关注竞争对手的情况，从而让企业在激烈的市场竞争环境之下也能长期立于不败之地。

第四节 对我国深入实施创新驱动发展的主要启示

第一，要厘清创新活动中的政府与市场活动边界。政府与市场在创新活动中均扮演着重要角色，二者的相互促进是创新生态系统构建的关键。现代经济学理论认为，政府的主要基本职责有二：一是维护社会的稳定与市场的公平；二是提供基本公共服务。因此，在我国创新生态系统的构建中，要坚持“市场在资源配置中起决定性作用，更好地发挥政府作用”的基本原则，厘清创新活动的政府与市场活动边界，尤其是要界定政府的干预范围与边界，着力解决广泛存在的政府“越位”与“缺位”问题。具体而言，政府要强化科技创新基础设施与平台基地建设，科学布局国家重大科技基础设施、积极搭建新型共性技术平台与建设专业化市场化的技术转移机构等，重视政府信息发布者角色构建，逐步实现政府职能的转化。

第二，关注学研系统，强化基础研究。基础研究是极为重要的生产要素，是突破式创新的源泉，但其具有明显的外部性特征，因此会产生市场失灵现象，因而需要政府主导。我国自1991年以来，基础研究投入占总研发投入经费比例长期稳定在4%~6%，远低于科技强国，因此，强化基础研究显得十分迫切。一方面，政府需要制定支持基础研究的长期国家战略，在举国体制下，通过立法和扩大财政投入，逐步提高R&D投入中的基础研究投入比重；另一方面，学研系统应承担起基础研究的主要工作，但这需要政府的长期稳定资金扶持。总之，在构建我国创新生态系统过程中，要按照国家“十四五”规划和2035年远景目标建议的要求，加强基础研究，大幅增加基础研究的财政投入，持续强化我国的基础研究，补齐我国科技创新的显著短板。

第三，深化科技体制改革，推动科研成果转化与学术创业。2012～2015年，我国高校累计投入科研经费1200亿元左右，但专利形态的科技成果转化率不到1%，科技成果转化率长期低下，“有创造无应用”的现象严重。究其原因，主要是我国的大部分法律政策出于防止国有资产流失的考虑，规定高校科技成果归国家所有，导致权益分配失衡。基于此，要进一步健全我国的知识产权保护机制，改革国有知识产权归属和权益分配机制。借鉴美国等国家的通用做法，结合我国的具体实际，扩大科研机构和高等院校知识产权处置自主权，推动科技成果商业化与学术创业。

第四，充分利用普惠性政策，激励企业集群加大研发投入。直接补贴并非良策，可能会导致产业长期萎靡。政府的持续补贴会减弱竞争，养成企业的依赖性。在我国步入创新驱动发展阶段后，政府应当逐渐减少财政补贴等直接干预性政策工具，逐步增加具有中性特征的普惠性政策。例如，实施更大力度的研发加计扣除制度；给予高新技术企业更大的税收优惠等；推动国家科研平台、科研数据、官方研究报告等进一步向企业开放，通过前沿信息的流通刺激企业创新；完善教育体制，为企业提供更多创新型人才等。

第五，强化以政府创新采购为代表的需求面政策应用。从我国当前的创新政策结构来看，在173项政策条款中，需求面政策工具仅有11项，占比6.36%，远低于发达国家。因此，政府应当强化以政府采购为主体的需求面政策应用。首先，政府立法应强调自由、竞争，采购合同应完全公开、透明，并接受相关部门监督。政府应为供应商提供多种信息交换的渠道，保证采购信息自由流动，鼓励供应商之间的竞争，以减少寻租和腐败。其次，政府采购应适当向中小企业倾斜，公共部门应与中小企业建立合作伙伴关系，提高中小企业在政府采购市场中的竞争力，进而激发中小企业的创新活力。

第六，着力提升国内需求质量，重视最终用户的积极作用。用户是创新生态系统的关键一环，是创新活动的终端，是新产品和新服务的最终消费者。国家竞争优势力量指出，高质量的国内需求是企业创新的动力来源。因此，政府需要探索以用户为导向的创新政策。一方面，政府需要更加开放，为民众提供更好的基本公共服务，促进官与民之间的信息沟通，让用户拥有更多了解科学技术前沿知识的渠道，为社会营造良好的创新文化和创新氛围；另一方面，政府制定严格的产业标准、技术规范与产品规范，并进行大力宣传，通过在产品性能、安全性、环境标准等方面设置严格标准，培育内行而挑剔的客户，从而为企业创新提供外部压力。

第九章　研究结论与政策建议

在阐述财税支持企业技术创新的理论基础后，本章分别从政府补贴、税收优惠与政府采购等维度，系统梳理了国内外的相关文献。继而对我国创新发展的演进过程及财税支持政策实践进行了梳理。在此基础上，基于供给和需求两端，分别从政府补贴与企业技术创新、政府采购与企业技术创新、税收优惠与企业技术创新、税收营商环境与企业技术创新等四个方面，系统考察财税政策对企业技术创新的影响效应及异质性。本章将对相关实证结论进行概括和总结，并在此基础上提出对策建议。

第一节　研究结论

熊彼特增长理论强调了技术创新和知识积累对经济发展的决定性作用，而外部性理论与信息不对称理论则表明了政府支持企业创新的必要性。自 1978 年改革开放以来，党中央和国务院历来高度重视科技创新工作，并不断丰富和发展创新驱动发展理论，也在实践中采取了一系列支持企业创新发展的财税激励政策。基于上述理论基础与制度背景，利用中国的微观调查数据，采用科学的实证方法，本研究分别分析了政府补贴、政府采购、税收优惠与税收营商环境等主要财税政策对企业创新的影响效应，主要实证研究结论如下：

第一，政府补贴对企业技术创新的影响呈现出非对称效应。基于政府补贴的异质性视角，通过区分创新补贴与非创新补贴，本研究的理论分析表明，通过资源属性与信号传递机制，创新补贴与非创新补贴均对企业研发投入产生促进作用，但创新补贴的影响效应更大；通过明确的目标导向、规范的项目管理与公平公正的项目申请等机制，创新补贴对企业研发产出具有促进作用，而非创新补贴的管理较为随意，且受政治关联的显著影响，因而并不能有效促进企业的研发产出。在此基础上，基于我国制造业上市公司2012～2020年的非平衡面板数据，刻画了我国政府补贴的异质性特征，结果表明，除了创新补贴外，政府补贴中还包括了数量庞大的非创新补贴，且政府补贴的规模和类型在不同性质、规模和技术水平的企业中呈现出一定的差异性。进一步的实证结果显示，创新补贴与非创新补贴均对企业研发投入产生了显著的促进作用，但创新补贴的影响效应明显大于非创新补贴。此外，创新补贴对企业研发产出产生了显著的正向影响，但非创新补贴对企业研发产出的影响却不显著。

第二，政府采购对企业技术创新具有显著的促进效应，但该影响效应在不同类型企业中存在异质性。本研究首次采用世界银行企业调查数据，并充分考虑我国政府采购政策中可能存在的选择性问题，采用PSM方法，科学识别和评估政府采购对我国企业技术创新的激励效应，研究发现，政府采购对我国企业技术创新具有显著的正向影响。平均而言，与未获得政府采购合同的企业相比，获得政府采购合同的企业进行技术创新的概率提高11.38%。进一步地，本研究从所有权性质、企业规模与行业等不同维度，探讨了政府采购影响企业技术创新的异质性，实证结果表明，政府采购对企业技术创新的激励效应主要体现在民营企业、中小企业和低技术行业企业中。

第三，税收优惠对企业研发投入产生了显著的促进作用，但对企业研发产出的影响不显著。基于中国制造企业2012年后的面板数据，采用双向固定效应模型，实证研究发现，税收优惠显著促进了企业的研发投入，但并未显著影响企业的研发产出。鉴于不同企业在现有资源、从事R&D活动的能力、初始条件、与前沿技术的差距以及创新策略等方面的差异性，本研究分别从纵向的生命周期与横向的企业性质、行业、规模等视角，进一步地异质性分析发现，税收优惠对成长与成熟期企业的研发投入产生了显著的促进作用，但对衰退期企业的研发投入影响为负且不显著。税收优惠对国有与非国有企业的研发投入均产生了显著的促进效应，但税收优惠仅对中低技术企业与大型企业的研发投入产生了显著的促进作用，而对高技术企业与中小企业的研发投入的影响不显著。

第四，税收营商环境对企业技术创新产生了显著的影响。利用世界银行对中国制造业企业的调查数据，本研究发现，税收营商环境对企业技术创新具有显著的影响效应。具体而言，企业主观评价的税率水平对其技术创新产生了显著负向影响，而企业主观评价的税收管理水平对其技术创新产生了显著的正向影响；与税率水平相比，税收管理在促进企业技术创新过程中产生了更为显著、更大的效应。进一步的异质性分析结果表明，税收营商环境对技术创新的影响效应主要体现在中小企业与新成立企业中。

第二节 政策建议

当前，我国进入全面建设社会主义现代化国家新征程，必须始终将创新摆在现代化建设全局中的核心位置，强化企业创新的主体地位。充分发挥市场在资源配置中决定性作用的同时，要更好发挥政府作用，推动有效市场和有为政府更好结合。为充分发挥财税政策在促进企业技术创新方面的积极作用，推动我国创新发展战略的稳步实施，基于本研究的理论与实证分析结论，本书提出如下几个方面的对策建议。

一、优化政府补贴结构，完善项目评估机制

第一，优化政府补贴结构，逐步提高创新补贴规模与强度。根据本书的研究结论，创新补贴不仅促进了企业的研发投入，而且显著提升了企业的研发产出水平，而非创新补贴存在投入产出效率低下的问题。因此，在我国政府财力可以承受的范围内，通过整合财政科研投入体制，逐步改变政府补贴普遍存在的“小而散”状态，让财政资金向关键领域聚集，促进各类创新要素向企业集聚。要逐步提高创新补贴规模与强度，充分发挥创新补贴对提升企业技术创新能力的积极作用。与此同时，不断降低规模庞大的非创新类补贴。

第二，完善项目的甄选和评估机制，不断提高创新补贴效率。创新补贴项目的甄选越是公平公正，管理越是规范透明，创新补贴项目的技术创新效应就越大。首先，要不断完善创新补贴项目的甄选机制。坚持公平公正原则，最大限度降低政治关联对项目申请的影响，甄选出真正符合要求的企业进行补贴。其次，要提高补贴资金的执行效率。探索实行资金直达机制，以最低的成本将补贴资金及时足额发放到位。最后，要加强监管与动态评估。进一步强化绩效管理，实行严格的研发产出目标考核制度，强化动态退出机制，保证企业将创新补贴资金足额用于研发投入并致力于提升研发产出水平。

第三，搭建创新补贴公共平台，充分发挥创新补贴的信号效应。创新补贴不仅能够直接作为资金投入企业的研发领域，而且能够通过信号机制，间接解决企业融资约束问题。为充分发挥创

新补贴的这种信号效应，更有效地解决企业在技术创新过程中的融资问题，政府应当着力搭建创新补贴公共平台，将企业创新补贴的相关信息精准对接社会征信体系，并将企业的创新补贴项目信息及时向市场投资者公开、共享，推动企业与市场投资者的深度信息互通。并在此基础上，着力构建公共信用信息和金融信息的共享整合机制。

二、树立创新型政府采购理念，强化精准性与有效性

第一，树立创新型政府采购理念。为充分发挥政府采购对技术创新的促进作用，欧盟等国家大力推广了创新型政府采购理念，提高新产品、新技术、共性关键技术等创新产品与技术在政府采购中的比例。在我国步入创新驱动发展阶段后，政府部门需要重新树立创新型政府采购理念，加大对新产品、新技术的采购力度，充分发挥政府的“催化剂”和“协调员”角色作用，并通过推动创新产品在社会中广泛使用，促进企业技术创新。

第二，完善制度设计，持续推进政府采购的公平、公开与公正性。政府采购对技术创新的促进作用，离不开公平竞争的市场环境。一是要保障各类市场主体的机会均等性，打破政府采购市场的准入障碍，促进政府采购领域的公平竞争；二是要完善公开招标制度，进一步提高政府采购的透明度，并以此倒逼政府采购的公平性；三是要积极构建独立的第三方监督体系，并强化问责。为保证公正性，政府采购效果的评估应当交由独立的、专业的第三方进行，并及时对社会公开评估结果，充分发挥社会监督的重要作用。

第三，稳步扩大政府采购规模。政府采购促进企业技术创新的主要机制在于市场创造，即通过为新产品与新技术创造一定规模的稳定市场需求，降低企业技术创新的不确定性。因此，只有

达到一定规模，政府采购的技术创新绩效才能得以充分发挥。当前，我国政府采购规模增长迅速，占财政支出的比重约为12%，但与发达国家30% ~40%的比重相比，依然具有较大的增长空间。因而，今后应当稳步扩大政府采购规模，并整合当前各自为政的分散采购模式，实行联合采购模式，充分发挥政府采购在激励企业创新发展过程中的积极作用，助推创新型国家建设。这不仅是更加积极有为财政政策的内在要求，而且是推动经济高质量发展的必然要求。

第四，强化政府采购的精准性与有效性。为提升政府采购促进企业技术创新的精准性与有效性，要分行业优化与调整政府采购政策。根据本书的研究结论，对于中低技术行业，可以继续加大创新产品与技术的采购力度，充分发挥其技术创新绩效。而对于高技术行业，则需要优化和调整现行政府采购政策。具体而言，可以借鉴欧盟等发达国家经验，通过采购关键共性技术、加强政府部门与企业之间的互动反馈等方式支持高技术行业的企业技术创新。此外，尽管政府采购对资本密集型企业的技术创新产生了显著影响，但主要体现在合作创新方面，对自主创新的影响并不显著。因此，今后需要强化政府采购对自主创新的导向功能，优先购买本国新产品与新技术，但需要加强与相关配套制度的协调，并使之符合WTO的相关规则精神。

第五，实施多维度政府采购方式。在实施创新型政府采购时，要多方式、多维度地支持企业技术创新。对政府采购创新产品目录中的不同对象，要采取不同的政府采购方式。具体而言，对于首次投放市场的新产品，政府可以采取首购方式进行政府采购；对于未达到首购要求，但市场潜力大、产业带动作用强的新技术、新产品，政府可以采用单一来源方式进行政府采购；而对于目录中的普通新产品，政府则可以综合采用竞争性谈判、邀请招标等方式进行政府采购。

三、优化研发产出的税收优惠政策，变更税收优惠方式

第一，优化和调整针对研发产出的税收优惠政策，激励高质量的企业研发产出。与研发投入相比，研发产出才是创新的直接体现。当前，我国的税收优惠主要集中于研发投入阶段，关于研发产出的税收优惠政策较少且力度不足。本书的实证研究结果也显示，税收优惠显著促进了企业研发投入，但并未显著影响企业的研发产出。基于上述研究结论，为发挥税收优惠对企业研发产出的积极作用，一方面，要进一步加大对企业研发产出，尤其是发明专利等高质量创新产出的税收优惠力度。当前，我国对高新技术企业与技术转让收入予以了低税率和税收减免等优惠政策。但与其他国家相比，优惠力度明显不足。例如，我国对于高新技术企业和技术转让优惠税率分别是15%和12.5%，分别为普通税率（25%）的60%和50%；而国外相应的优惠税率一般为普通税率的5%~40%。因此，我国应当进一步加大对研发产出的税收优惠力度，尤其是对发明专利产出的优惠力度，进一步激励企业将研发投入转换为高质量的研发产出，促进实质性创新发展。另一方面，优化专利收入范围与相关限制条件。从国外实践来看，专利不仅包括专利产品，而且包括商标、技术秘密等其他知识产权，专利收入不仅包括转让收入，也包括内嵌收入。而从我国的实践来看，不仅未对“内嵌收入”“其他技术”做明确规定，而且对于技术转让设置了较高的限制条件。例如，我国对企业专利转让，要求企业拥有所有权5年以上（含5年）全球独占许可使用权，这样转让专利所有权才能享受所得税优惠政策。因此，建议将“内嵌收入”等划入技术转让收入，并明确专利收入的范围。此外，建议放宽技术转让的限制条件，例如，取消“全球独占”这一限制条件。

第二，设置中小企业R&D税收优惠的特惠条款，促进中小

企业创新发展。中小企业试错成本低、决策机制灵活，也敢于冒险，是技术创新，尤其是突破式创新的主力军。但与此同时，中小企业普遍面临融资约束的问题，因此，税收优惠政策对其意义重大。然而，本研究的结果却显示，税收优惠并未显著促进中小企业的技术创新，这可能源于税收优惠力度不足。从国外的实践来看，大多数发达国家，普遍对中小型企业的 R&D 设置了特惠条款。而我国虽然不断提升了研发加计扣除的比例，但并未考虑企业规模问题。因此，应当进一步加大对于中小型企业技术创新的优惠力度。本书建议设置中小企业 R&D 税收优惠的特惠条款。具体而言，可以考虑进一步加大对中小企业研发加计扣除的比例。例如，在针对普通制造业企业的研发加计扣除比例为 100% 的基础上，增加“对中小型制造企业的研发加计扣除比例为 200%”等条款。

第三，变更税收优惠方式，助力高新技术企业创新发展。高新技术企业是技术创新的中坚力量。但遗憾的是，本研究发现，税收优惠政策并未显著促进高新技术企业的研发投入与研发产出。这可能与我国现行的税收优惠政策设计紧密相关，因为我国采用的是加计扣除式的研发税收优惠政策。而在国外，促进企业研发的税收优惠政策主要以税收抵免的形式存在，采用“加计扣除”方式的国家较少。事实上，英国已经于 2016 年将研发加计扣除方式变更为税收抵免方式。变更的理由在于，与加计扣除政策相比，税收抵免政策不仅更为直接，而且不受税率的影响。与之相反，加计扣除政策容易受企业适用税率的影响。例如，与普通企业相比，由于高新技术企业的适用税率更低，因而导致其研发投入所享受的税收优惠力度反而更小。可见，加计扣除式的税收优惠力度受企业适用税率的显著影响，进而导致高新技术企业在这一领域的实际税收优惠力度不足，并未能发挥激励企业研发投入的积极作用。为此，建议将我国的研发税收优惠方式由加计扣除变更为税收抵免。

四、适度地降低税率水平，持续提升税收管理水平，进一步优化税收营商环境

第一，要逐步且适度地降低税率水平。近年来，从营改增、6 项减税、个税改革到增值税改革，减税力度空前，大幅减轻了企业税收负担，在助推企业创新发展方面也取得了显著成绩。在此基础上，为进一步发挥税收营商环境对企业技术创新的促进作用，应当逐步且适度的降低税率水平。一方面，考虑到财政的承受能力，减税过程应当是一个渐进过程，减税的规模也要适度；另一方面，减税过程中要注意减税的主体与方向，当下和今后实施的减税降费要着眼于降成本，所聚焦的对象应当主要是企业。此外，鉴于税收营商环境对企业创新发展的异质性，减税要继续向中小企业倾斜。

第二，要持续强化税收管理。相比于税率水平，企业主观评价的税收管理水平对企业技术创新产生了更为显著、更大的影响效应。因此，以强化税收征管能力与优化纳税服务水平作为核心内容的税收管理应当成为今后优化税收营商环境的主要着力点。具体而言：（1）在强化税收征管方面，一方面要进一步规范税收执法，继续朝着法治化、公平化的税收营商环境目标奋进。例如，持续推进税收权力和责任清单、全面推行“三项制度”等制度改革，进一步压缩自由裁量空间，提升执法透明度；另一方面，要持续创新管理手段，优化税后流程。在借鉴办理退税措施的基础上，持续创新管理手段，使得办税流程更加优化。例如，以企业需求为导向，构建“首席联络员”制度。此外，要加强与工商等部门的数据共享，构建税务登记退出机制等。（2）在优化纳税服务水平方面，一方面要持续开展“便民办税春风行动”。已经实施 7 年的“便民办税春风行动”获得纳税人的充分

肯定，也有力地推动了减税降费相关政策的落地，因此要以问题为导向、对标先进，持续开展该项行动，进一步压缩办税时间，打造便利化的税收营商环境。另一方面，要积极推动纳税服务社会化。要进一步压缩办税时间，离不开市场力量的推动。要借鉴发达国家的有益经验，更多地发挥社会中介的力量，通过市场竞争，不断提升纳税服务水平。

参考文献

一、英文部分

［1］ Adne Cappelen, et al., The Effects of R&D Tax Credits on Patenting and Innovations. *Research Policy*, Vol. 41, No. 2, March. 2012, pp. 334 –345.

［2］ Aghion, P., and Howitt, P., A Model of Growth Through Creative Destruction. NBER Working Paper, No. 3223, 1990.

［3］ Aghion, P., Boulanger, J., et al., Rethinking Industrial Policy. Bruegel Working Paper, No. 566, 2011.

［4］ Ajay Agrawal, et al., Tax Credits and Small Firm R&D Spending. *American Economic Journal*: *Economic Policy*, Vol. 12, No. 2, May 2020, pp. 1 –21.

［5］ Akcigit, U., Grigsby, J., et al., Taxation and Innovation in the 20th Century. NBER Working Paper, No. 24982, 2018.

［6］ Akcigit, U., Hanley, D., and Stantcheva, S., Optimal Taxation and R&D Policies. NBER Working Paper, No. 22908, 2016.

［7］ Alex Bell, et al., Who Becomes an Inventor in America? The Importance of Exposure to Innovation. *The Quarterly Journal of Economics*, Vol. 134, No. 2, May 2019, pp. 647 –713.

［8］ Ampere A. Tseng and Miroslav Raudensky, Assessments of

Technology Transfer Activities of US Universities and Associated Impact of Bayh - Dole Act. *Scientometrics*, Vol. 101, No. 3, December. 2014, pp. 1851 - 1869.

[9] Andreas Haufler, et al., Entrepreneurial Innovations and Taxation. *Journal of Public Economics*, Vol. 113, No. 11, May 2014, pp. 13 - 31.

[10] Andrew R. Finley, Stephen J. Lusch, Kirsten A. Cook, The Effectiveness of the R&D Tax Credit: Evidence from the Alternative Simplified Credit. *Journal of the American Taxation Association*, Vol. 37, No. 1, April 2015, pp. 157 - 181.

[11] Antoine, D., et al., Do Tax Incentives for Research Increase Firm Innovation? An RD Design for R&D. NBER Working Paper, No. 22405, 2016.

[12] Antonio Minniti and Francesco Venturini., The Long - Run Growth Effects of R&D Policy. *Research Policy*, Vol. 46, No. 1, February. 2017, pp. 316 - 326.

[13] Ariel Dora Stern, Innovation under Regulatory Uncertainty: Evidence from Medical Technology. *Journal of Public Economics*, Vol. 145, January. 2017, pp. 181 - 200.

[14] Autor, D., et al., Foreign Competition and Domestic Innovation: Evidence from U. S. Patents. NBER Working Paper, No. 22879, 2016.

[15] Barbara J. Spencer, James A. Brander, International R&D Rivalry and Industrial Strategy, *The Review of Economic Studies*, Vol. 50, No. 4, October. 1983, pp. 707 - 722.

[16] Baris Yaslan, Public Software Procurement and Its Impacts on the Technological Capability and the Competitive Advantage of the Software Industry. *Unpublished PhD thesis*, *Manchester Business*

School, 2009.

[17] Barry Bozeman, Technology Transfer and Public Policy: A Review of Research and Theory. *Research Policy*, Vol. 29, No. 4, April. 2000, pp. 627 – 655.

[18] Bengt – Åke Lundvall, *The Learning Economy and the Economics of Hope*. Denmark: Anthem Press, 2016, pp. 19 – 60.

[19] Benni Holemans and Leo Sleuwaegen, Innovation Expenditures and the Role of Government in Belgium. *Research Policy*, Vol. 17, No. 6, December. 1988, pp. 375 – 379.

[20] Benoît Godin, The Linear Model of Innovation: Maurice Holland and the Research Cycle. *Social Science Information*, Vol. 50, No. 3 – 4, SAGE Publications Ltd, September. 2011, pp. 569 – 581.

[21] Bettina Becker, Public R&D Policies and Private R&D Investment: A Survey of the Empirical Evidence. *Journal of Economic Surveys*, Vol. 29, No. 5, 2015, pp. 917 – 942.

[22] Bhaven Sampat and Heidi L. Williams, How Do Patents Affect Follow – On Innovation? Evidence from the Human Genome. *American Economic Review*, Vol. 109, No. 1, January. 2019, pp. 203 – 236.

[23] Binbin Tian, et al., Tax Incentive, R&D Investment and Firm Innovation: Evidence from China. *Journal of Asian Economics*, Vol. 71, December. 2020, p. 101245.

[24] Birgit Aschhoff and Wolfgang Sofka, Innovation on Demand: Can Public Procurement Drive Market Success of Innovations? *Research Policy*, Vol. 38, No. 8, October. 2009, pp. 1235 – 1247.

[25] Bodo Knoll, et al., Cross – Border Effects of R&D Tax In-

centives. *Research Policy*, Vol. 50, No. 9, November. 2021, p. 104326.

[26] Boris Lokshin and Pierre Mohnen, How Effective Are Level – Based R&D Tax Credits? Evidence from the Netherlands. *Applied Economics*, Vol. 44, No. 12, Routledge, April. 2012, pp. 1527 – 1538.

[27] Bronwyn H. Hall and Nathan Rosenberg, *Handbook of the Economics of Innovation*. London: Elsevier, 2010.

[28] Bronwyn H. Hall, R&D Tax Policy during the 1980s: Success or Failure? *Tax Policy and the Economy*, Vol. 7, January. 1993, pp. 1 – 35.

[29] Bronwyn Hall and John Van Reenen, How Effective Are Fiscal Incentives for R&D? A Review of the Evidence. *Research Policy*, Vol. 29, No. 4, April. 2000, pp. 449 – 469.

[30] Carliss Baldwin and Eric von Hippel, Modeling a Paradigm Shift: From Producer Innovation to User and Open Collaborative Innovation. *Organization Science*, Vol. 22, No. 6, INFORMS, December. 2011, pp. 1399 – 1417.

[31] Chang – Yang Lee, The Differential Effects of Public R&D Support on Firm R&D: Theory and Evidence from Multi – Country Data. *Technovation*, Vol. 31, No. 5, May 2011, pp. 256 – 269.

[32] Charles Edquist and Jon Mikel Zabala – Iturriagagoitia, Public Procurement for Innovation as Mission – Oriented Innovation Policy. *Research Policy*, Vol. 41, No. 10, December. 2012, pp. 1757 – 1769.

[33] Charles Edquist and Leif Hommen, Systems of Innovation: Theory and Policy for the Demand Side. *Technology in Society*, Vol. 21, No. 1, January. 1999, pp. 63 – 79.

[34] Charles I Jones and John C Williams, Measuring the Social Return to R&D. *Quarterly Journal of Economics*, Vol. 113, No. 4, February. 1998, pp. 1119 - 1135.

[35] Charles I. Jones and John C. Williams, Too Much of a Good Thing? The Economics of Investment in R&D. *Journal of Economic Growth*, Vol. 5, No. 1, March. 2000, pp. 65 - 85.

[36] Chiara Criscuolo, et al., Some Causal Effects of an Industrial Policy. *American Economic Review*, Vol. 109, No. 1, January. 2019, pp. 48 - 85.

[37] Chih - Hai Yang, et al., Tax Incentives and R&D Activity: Firm - Level Evidence from Taiwan. *Research Policy*, Vol. 41, No. 9, November. 2012, pp. 1578 - 1588.

[38] Christof Ernst, et al., Corporate Taxation and the Quality of Research and Development. *International Tax and Public Finance*, Vol. 21, No. 4, August. 2014, pp. 694 - 719.

[39] Christopher Palmberg, The Sources of Innovations - Looking beyond Technological Opportunities. *Economics of Innovation and New Technology*, Vol. 13, No. 2, Routledge, March. 2004, pp. 183 - 197.

[40] Claudia Ghisetti, Demand - Pull and Environmental Innovations: Estimating the Effects of Innovative Public Procurement. *Technological Forecasting and Social Change*, Vol. 125, No. 1, December. 2017, pp. 178 - 187.

[41] Cristiano Antonelli, A Failure - Inducement Model of Research and Development Expenditure: Italian Evidence from the Early 1980s. *Journal of Economic Behavior & Organization*, Vol. 12, No. 2, October. 1989, pp. 159 - 180.

[42] D. Rodrik, Green Industrial Policy. *Oxford Review of Eco-*

nomic Policy, Vol. 30, No. 3, September. 2014, pp. 469 – 491.

[43] Daeyong Lee, Impact of the Excise Tax on Firm R&D and Performance in the Medical Device Industry: Evidence from the Affordable Care Act. *Research Policy*, Vol. 47, No. 5, June 2018, pp. 854 – 871.

[44] Daniel Garcia – Macia, et al., How Destructive Is Innovation? *Econometrica*, Vol. 87, No. 5, 2019, pp. 1507 – 1541.

[45] Daron Acemoglu and Joshua Linn, Market Size in Innovation: Theory and Evidence from the Pharmaceutical Industry. *The Quarterly Journal of Economics*, Vol. 119, No. 3, August. 2004, pp. 1049 – 1090.

[46] Daron Acemoglu, Ufuk Akcigit, and Murat Alp Celik, Radical and Incremental Innovation: The Roles of Firms, Managers and Innovators. *American Economic Journal*: *Macroeconomics*, Vol. 36, No. 2, June 2020, pp. 20 – 45.

[47] Daron Acemoglu, Ufuk Akcigit, Harun Alp, et al., Innovation, Reallocation, and Growth. *American Economic Review*, Vol. 108, No. 11, November. 2018, pp. 3450 – 3491.

[48] David C. Mowery and Bhaven N. Sampat, The Bayh – Dole Act of 1980 and University – Industry Technology Transfer: A Model for Other OECD Governments? *The Journal of Technology Transfer*, Vol. 30, No. 1, December. 2004, pp. 115 – 127.

[49] David C. Mowery, The Changing Structure of the US National Innovation System: Implications for International Conflict and Cooperation in R&D Policy. *Research Policy*, Vol. 27, No. 6, September. 1998, pp. 639 – 654.

[50] David Connell, Using Government Procurement to Help Grow New Science and Technology Companies: Lessons from the US

Small Business Innovation Research (SBIR) Programme. *Innovation*, Vol. 11, No. 1, Routledge, April. 2009, pp. 127 – 134.

[51] Dennis Patrick Leyden and Albert N. Link, Why Are Governmental R&D and Private R&D Complements? *Applied Economics*, Vol. 23, No. 10, Routledge, October. 1991, pp. 1673 – 1681.

[52] Dennis Patrick Leyden and Matthias Menter, The Legacy and Promise of Vannevar Bush: Rethinking the Model of Innovation and the Role of Public Policy. *Economics of Innovation and New Technology*, Vol. 27, No. 3, Routledge, April. 2018, pp. 225 – 242.

[53] Dirk Czarnitzki, et al., Evaluating the Impact of R&D Tax Credits on Innovation: A Microeconometric Study on Canadian Firms. *Research Policy*, Vol. 40, No. 2, March. 2011, pp. 217 – 229.

[54] Dirk Fornahl, et al., What Drives Patent Performance of German Biotech Firms? The Impact of R&D Subsidies, Knowledge Networks and Their Location. *Papers in Regional Science*, Vol. 90, No. 2, June 2011, pp. 395 – 418.

[55] Edwin Mansfield, Academic Research and Industrial Innovation. *Research Policy*, Vol. 20, No. 1, February. 1991, pp. 1 – 12.

[56] Edwin Mansfield, The R&D Tax Credit and Other Technology Policy Issues. *The American Economic Review*, Vol. 76, No. 2, May 1986, pp. 190 – 194.

[57] Elias G. Carayannis and David F. J. Campbell, Triple Helix, Quadruple Helix and Quintuple Helix and How Do Knowledge, Innovation and the Environment Relate To Each Other? . *International Journal of Social Ecology and Sustainable Development* (*IJSESD*), Vol. 1, No. 1, January. 2010, pp. 41 – 69.

[58] Elias G. Carayannis and David F. J. Campbell, "Mode 3" and "Quadruple Helix": Toward a 21st Century Fractal Innovation Ecosystem. *International Journal of Technology Management*, Vol. 46, No. 3 – 4, January. 2009, pp. 201 – 234.

[59] Elvira Uyarra and Kieron Flanagan, Understanding the Innovation Impacts of Public Procurement. *European Planning Studies*, Vol. 18, No. 1, Routledge, January. 2010, pp. 123 – 143.

[60] Elvira Uyarra, et al., Barriers to Innovation through Public Procurement: A Supplier Perspective. *Technovation*, Vol. 34, No. 10, October. 2014, pp. 631 – 645.

[61] Emre Özçelik and Erol Taymaz, R&D Support Programs in Developing Countries: The Turkish Experience. *Research Policy*, Vol. 37, No. 2, March. 2008, pp. 258 – 275.

[62] Fabian Gaessler, et al., Should There Be Lower Taxes on Patent Income? *Research Policy*, Vol. 50, No. 1, January. 2021, pp. 104 – 129.

[63] Frank Lichtenberg, The Private R&D Investment Response to Federal Design and Technical Competitions. *American Economic Review*, Vol. 78, No. 3, June. 1988, pp. 550 – 559.

[64] Fulvio Castellacci and Christine Mee Lie, Do the Effects of R&D Tax Credits Vary across Industries? A Meta – Regression Analysis. *Research Policy*, Vol. 44, No. 4, May. 2015, pp. 819 – 832.

[65] Gabriel Vlăduţ, Innovation Ecosystem Model for Commercialization of Research Results. *Proceedings of the International Conference on Business Excellence*, Vol. 11, No. 3, November. 2017, pp. 1020 – 1032.

[66] Gene M. Grossman and Elhanan Helpman, Quality Lad-

ders and Product Cycles. *The Quarterly Journal of Economics*, Vol. 106, No. 2, May. 1991, pp. 557 – 586.

[67] Giovanni Dosi, Sources, Procedures, and Microeconomic Effects of Innovation. *Journal of Economic Literature*, Vol. 26, No. 3, September. 1988, pp. 1120 – 1171.

[68] Gregory Tassey, Tax Incentives for Innovation: Time to Restructure the R&E Tax Credit. *The Journal of Technology Transfer*, Vol. 32, No. 6, December. 2007, pp. 605 – 615.

[69] Griliches, Z., Productivity, R&d, and Basic Research at the Firm Level in the 1970s. NBER Working Paper, No. 1547, 1985.

[70] Gustavo Crespi, et al., The Effectiveness of Tax Incentives for R&D in Developing Countries: The Case of Argentina. *Research Policy*, Vol. 45, No. 10, December. 2016, pp. 2023 – 2035.

[71] Hall, B. H., Tax Policy for Innovation. NBER Working Paper, No. 25773, 2019.

[72] Heidi L. Williams, Intellectual Property Rights and Innovation: Evidence from the Human Genome. *Journal of Political Economy*, Vol. 121, No. 1, February. 2013, pp. 1 – 27.

[73] Hiroyuki Kasahara, et al., Does an R&D Tax Credit Affect R&D Expenditure? The Japanese R&D Tax Credit Reform in 2003. *Journal of the Japanese and International Economies*, Vol. 31, March. 2014, pp. 72 – 97.

[74] Holger Görg and Eric Strobl, The Effect of R&D Subsidies on Private R&D. *Economica*, Vol. 74, No. 294, September. 2007, pp. 215 – 234.

[75] Hugo A. Hopenhayn, Francesco Squintani, Patent Rights

and Innovation Disclosure. *The Review of Economic Studies*, Vol. 83, No. 294, July. 2016, pp. 199 – 230.

[76] Inmaculada C. Álvarez – Ayuso, et al., Long Run Effect of Public Grants and Tax Credits on R&D Investment: A Non – Stationary Panel Data Approach. *Economic Modelling*, Vol. 75, November. 2018, pp. 93 – 104.

[77] Isabel Bodas Freitas, et al., Sectors and the Additionality Effects of R&D Tax Credits: A Cross – Country Microeconometric Analysis. *Research Policy*, Vol. 46, No. 1, February. 2017, pp. 57 – 72.

[78] Isabel Busom, An Empirical Evaluation of The Effects of R&D Subsidies. *Economics of Innovation and New Technology*, Vol. 9, No. 2, January. 2000, pp. 111 – 148.

[79] Isabel Busom, et al., Participation Inertia in R&D Tax Incentive and Subsidy Programs. *Small Business Economics*, Vol. 48, No. 1, January. 2017, pp. 153 – 177.

[80] J. F. Moore, Predators and Prey: A New Ecology of Competition. *Harvard Business Review*, Vol. 71, No. 3, June. 1993, pp. 75 – 86.

[81] Jakob Edler and Jillian Yeow, Connecting Demand and Supply: The Role of Intermediation in Public Procurement of Innovation. *Research Policy*, Vol. 45, No. 2, March. 2016, pp. 414 – 426.

[82] Jakob Edler and Luke Georghiou, Public Procurement and Innovation——Resurrecting the Demand Side. *Research Policy*, Vol. 36, No. 7, September. 2007, pp. 949 – 963.

[83] James R. Brown, et al., What Promotes R&D? Comparative Evidence from around the World. *Research Policy*, Vol. 46, No. 2, March. 2017, pp. 447 – 462.

[84] Jani Saastamoinen, et al., Should SMEs Pursue Public Procurement to Improve Innovative Performance? *Technovation*, Vol. 69, January. 2018, pp. 2 – 14.

[85] Jeffrey L Furman, et al., The Determinants of National Innovative Capacity. *Research Policy*, Vol. 31, No. 6, August. 2002, pp. 899 – 933.

[86] Jessica Mitchell, et al., Tax Incentives for R&D: Supporting Innovative Scale – Ups? *Research Evaluation*, Vol. 29, No. 2, April. 2020, pp. 121 – 134.

[87] José Ángel Zúñiga – Vicente, et al., Assessing the Effect of Public Subsidies on Firm R&D Investment: A Survey. *Journal of Economic Surveys*, Vol. 28, No. 1, July. 2014, pp. 36 – 67.

[88] Joseph J. Cordes, Tax Incentives and R&D Spending: A Review of the Evidence. *Research Policy*, Vol. 18, No. 3, June. 1989, pp. 119 – 133.

[89] Junxue Jia and Guangrong Ma, Do R&D Tax Incentives Work? Firm – Level Evidence from China. *China Economic Review*, Vol. 46, No. C, August. 2017, pp. 50 – 66.

[90] Keith Pavitt, What Makes Basic Research Economically Useful? *Research Policy*, Vol. 20, No. 2, April. 1991, pp. 109 – 119.

[91] Kenneth J Arrow, Economic Welfare and the Allocation of Resources for Invention. *In Readings in Industrial Economics, London: Macmillan Education UK*, 1962, pp. 609 – 626.

[92] Kris Aerts and Tobias Schmidt, Two for the Price of One? Additionality Effects of R&D Subsidies: A Comparison between Flanders and Germany. *Research Policy*, Vol. 37, No. 5, June. 2008, pp. 806 – 822.

[93] Krzysztof Szczygielski, et al., Does Government Support for Private Innovation Matter? Firm - Level Evidence from Two Catching - up Countries. *Research Policy*, Vol. 46, No. 1, February. 2017, pp. 219 - 237.

[94] Leonid Kogan, et al., Technological Innovation, Resource Allocation, and Growth. *The Quarterly Journal of Economics*, Vol. 132, No. 2, May. 2017, pp. 665 - 712.

[95] Lolita A. Paff, Does the Alternate Incremental Credit Affect Firm R&D? *Technovation*, Vol. 1, No. 24, January. 2004, pp. 41 - 52.

[96] Marco Guerzoni and Emilio Raiteri, Demand - Side vs. Supply - Side Technology Policies: Hidden Treatment and New Empirical Evidence on the Policy Mix. *Research Policy*, Vol. 44, No. 3, April. 2015, pp. 726 - 747.

[97] Maria Guadalupe, et al., Innovation and Foreign Ownership. *American Economic Review*, Vol. 102, No. 7, December. 2012, pp. 3594 - 3627.

[98] Marianna Marino, et al., Additionality or Crowding - out? An Overall Evaluation of Public R&D Subsidy on Private R&D Expenditure. *Research Policy*, Vol. 45, No. 9, November. 2016, pp. 1715 - 1730.

[99] Martin Kenney, How Venture Capital Became a Component of the U. S. National System of Innovation. *Industrial and Corporate Change*, Vol. 20, No. 6, December. 2011, pp. 1677 - 1723.

[100] Maryann P. Feldman and Maryellen Kelley, The Ex Ante Assessment of Knowledge Spillovers: Government R&D Policy, Economic Incentives and Private Firm Behavior. *Research Policy*, Vol. 35, No. 10, December. 2006, pp. 1509 - 1521.

[101] Matthias Almus and Dirk Czarnitzki, The Effects of Public R&D Subsidies on Firms Innovation Activities. *Journal of Business & Economic Statistics*, Vol. 21, No. 2, April. 2003, pp. 226 – 236.

[102] Max Rolfstam, Public Procurement as an Innovation Policy Tool: The Role of Institutions. *Science and Public Policy*, Vol. 36, No. 5, January. 2009, pp. 349 – 360.

[103] ME Porter, *The Competitive Advantage of Nations*. New York: Free Press, 1990.

[104] Ming – Chin Chen and Sanjay Gupta, The Incentive Effects of R&D Tax Credits: An Empirical Examination in an Emerging Economy. *Journal of Contemporary Accounting & Economics*, Vol. 13, No. 1, April. 2017, pp. 52 – 68.

[105] Nathan Rosenberg and Richard R. Nelson, American Universities and Technical Advance in Industry. *Research Policy*, Vol. 23, No. 3, May 1994, pp. 323 – 348.

[106] Nathan Rosenberg, Science, Invention and Economic Growth. *The Economic Journal*, Vol. 84, No. 333, 1974, pp. 90 – 108.

[107] Nicholas Bloom, John Van Reenen, et al., A Toolkit of Policies to Promote Innovation. *Journal of Economic Perspectives*, Vol. 33, No. 3, August. 2019, pp. 163 – 184.

[108] Nicholas Bloom, Mirko Draca, et al., Trade Induced Technical Change? The Impact of Chinese Imports on Innovation, IT and Productivity. *The Review of Economic Studies*, Vol. 83, No. 1, January. 2016, pp. 87 – 117.

[109] Nick Bloom, et al., Do R&D Tax Credits Work? Evidence from a Panel of Countries 1979 ~ 1997. *Journal of Public Economics*, Vol. 85, No. 1, July. 2002, pp. 1 – 31.

[110] Nigel Caldwell, et al., Promoting Competitive Markets: The Role of Public Procurement. *Journal of Purchasing and Supply Management*, Vol. 11, No. 5, September. 2005, pp. 242 – 251.

[111] Nikolaus Obwegeser and Sune Dueholm Müller, Innovation and Public Procurement: Terminology, Concepts, and Applications. *Technovation*, Vol. 74, No. 11, June. 2018, pp. 1 – 17.

[112] Nirupama Rao, Do Tax Credits Stimulate R&D Spending? The Effect of the R&D Tax Credit in Its First Decade. *Journal of Public Economics*, Vol. 140, August. 2016, pp. 1 – 12.

[113] OECD, *Government at a Glance* 2017. Paris: OECD Publishing, 2017.

[114] OECD, *The Effects of R&D Tax Incentives and Their Role in the Innovation Policy Mix*. Paris: OECD Publishing, 2021.

[115] Olav Sorenson, Innovation Policy in a Networked World. *Innovation Policy and the Economy*, Vol. 18, January. 2018, pp. 53 – 77.

[116] Olena Ivus, et al., R&D Tax Credit and Innovation: Evidence from Private Firms in India. *Research Policy*, Vol. 50, No. 1, January. 2021, pp. 104 – 128.

[117] P. A. Geroski, Procurement Policy as a Tool of Industrial Policy. *International Review of Applied Economics*, Vol. 4, No. 2, June. 1990, pp. 182 – 198.

[118] Paul A. David, et al., Is Public R&D a Complement or Substitute for Private R&D? A Review of the Econometric Evidence. *Research Policy*, Vol. 29, No. 4, April. 2000, pp. 497 – 529.

[119] Paul M. Romer, Endogenous Technological Change. *Journal of Political Economy*, Vol. 98, No. 5, Part 2, Octo-

ber. 1990, pp. S71 – S102.

[120] Paul M. Romer, Increasing Returns and Long – Run Growth. *Journal of Political Economy*, Vol. 94, No. 5, October. 1986, pp. 1002 – 1037.

[121] Paul S. Segerstrom, et al., A Schumpeterian Model of the Product Life Cycle. *The American Economic Review*, Vol. 80, No. 5, December. 1990, pp. 1077 – 1091.

[122] Petra Moser, Patents and Innovation in Economic History. *Annual Review of Economics*, Vol. 8, No. 1, October. 2016, pp. 241 – 258.

[123] Philippe Aghion, Nick Bloom, et al., Competition and Innovation 1965 ~ 1988: An Inverted – U Relationship. *The Quarterly Journal of Economics*, Vol. 120, No. 2, May. 2005, pp. 701 – 728.

[124] Philippe Aghion, Steven N. Durlauf, *Handbook of Economic Growth*, San Diego and London: Elsevier, 2014, pp. 515 – 563.

[125] Pierre Azoulay, et al., Public R&D Investments and Private – Sector Patenting: Evidence from NIH Funding Rules. *The Review of Economic Studies*, Vol. 86, No. 1, January. 2019, pp. 117 – 152.

[126] Pierre Mohnen, et al., Evaluating the Innovation Box Tax Policy Instrument in the Netherlands, 2007 ~ 2013. *Oxford Review of Economic Policy*, Vol. 33, No. 1, January. 2017, pp. 141 – 156.

[127] R. Harris, et al., Is a Higher Rate of R&D Tax Credit a Panacea for Low Levels of R&D in Disadvantaged Regions? *Research Policy*, Vol. 38, No. 1, February. 2009, pp. 192 – 205.

[128] Raffaello Bronzini and Eleonora Iachini, Are Incentives for R&D Effective? Evidence from a Regression Discontinuity Approach.

American Economic Journal: Economic Policy, Vol. 6, No. 4, November. 2014, pp. 100 – 134.

[129] Raffaello Bronzini and Paolo Piselli, The Impact of R&D Subsidies on Firm Innovation. *Research Policy*, Vol. 45, No. 2, March. 2016, pp. 442 – 457.

[130] Ralph Fevre, et al., Unions, Unemployment and Innovation. *Contemporary Sociology*, Vol. 17, No. 5, September. 1988, pp. 605 – 617.

[131] Rebecca Henderson, Adam B. Jaffe, Manuel Trajtenberg, Universities as a Source of Commercial Technology: A Detailed Analysis of University Patenting, 1965 ~ 1988. *The Review of Economics and Statistics*, Vol. 80, No. 1, February. 1998, pp. 119 – 127.

[132] Richard R. Nelson, The Simple Economics of Basic Scientific Research. *Journal of Political Economy*, Vol. 67, No. 3, 1959, pp. 297 – 306.

[133] Robert Eisner, et al., The New Incremental Tax Credit for R&d: Incentive or Disincentive? *National Tax Journal*, Vol. 37, No. 2, June. 1984, pp. 171 – 183.

[134] Robin Kleer, Government R&D Subsidies as a Signal for Private Investors. *Research Policy*, Vol. 39, No. 10, December. 2010, pp. 1361 – 1374.

[135] Roger Gordon and Sarada, How Should Taxes Be Designed to Encourage Entrepreneurship? *Journal of Public Economics*, Vol. 166, No. 4, October. 2018, pp. 1 – 11.

[136] Roland Bénabou, et al., Religion and Innovation. *American Economic Review*, Vol. 105, No. 5, May. 2015, pp. 346 – 351.

[137] Ron Adner, Match Your Innovation Strategy to Your In-

novation Ecosystem. *Harvard Business Review*, Vol. 84, No. 4, April. 2006, pp. 98 – 107, 148.

[138] Roy Rothwell, Technology – Based Small Firms and Regional Innovation Potential: The Role of Public Procurement. *Journal of Public Policy*, Vol. 4, No. 4, November. 1984, pp. 307 – 332.

[139] Rufin Baghana and Pierre Mohnen, Effectiveness of R&D Tax Incentives in Small and Large Enterprises in Québec. *Small Business Economics*, Vol. 33, No. 1, June. 2009, pp. 91 – 107.

[140] Sabrina T. Howell, Financing Innovation: Evidence from R&D Grants. *American Economic Review*, Vol. 107, No. 4, April. 2017, pp. 1136 – 1164.

[141] Saul Lach, Do R&D Subsidies Stimulate or Displace Private R&D? Evidence from Israel. *The Journal of Industrial Economics*, Vol. 50, No. 4, March. 2002, pp. 369 – 390.

[142] Scott J. Wallsten, The Effects of Government – Industry R&D Programs on Private R&D: The Case of the Small Business Innovation Research Program. *The RAND Journal of Economics*, Vol. 31, No. 1, spring. 2000, pp. 82 – 100.

[143] Sheng – Syan Chen, et al., Tax Policy and Innovation Performance: Evidence from Enactment of the Alternative Simplified Credit. *Journal of Banking & Finance*, Vol. 125, April. 2021, pp. 106 – 126.

[144] Sonja Radas, et al., The Effects of Public Support Schemes on Small and Medium Enterprises. *Technovation*, Vol. 38, April. 2015, pp. 15 – 30.

[145] Sudipto Bhattacharya and Jay R. Ritter, Innovation and Communication: Signalling with Partial Disclosure. *The Review of Economic Studies*, Vol. 50, No. 2, April. 1983, pp. 331 – 346.

[146] Tan Yigitcanlar, et al., Stimulating Technological Innovation through Incentives: Perceptions of Australian and Brazilian Firms. *Technological Forecasting and Social Change*, Vol. 146, September. 2019, pp. 403 - 412.

[147] Tor Jakob Klette, et al., Do Subsidies to Commercial R and D Reduce Market Failures? Microeconometric Evaluation Studies. *Research Policy*, Vol. 29, No. 4, April. 2000, pp. 471 - 495.

[148] Ufuk Akcigit and Sina T. Ates, Ten Facts on Declining Business Dynamism and Lessons from Endogenous Growth Theory. *American Economic Journal: Macroeconomics*, Vol. 13, No. 1, January. 2021, pp. 257 - 298.

[149] Ufuk Akcigit, Douglas Hanley, and Nicolas Serrano - Velarde, Back to Basics: Basic Research Spillovers, Innovation Policy, and Growth. *The Review of Economic Studies*, Vol. 88, No. 1, January. 2021, pp. 1 - 43.

[150] Ufuk Akcigit, Harun Alp, et al., Lack of Selection and Limits to Delegation: Firm Dynamics in Developing Countries. *American Economic Review*, Vol. 111, No. 1, January. 2021, pp. 231 - 275.

[151] Uluc Aysun and Zeynep Kabukcuoglu, Interest Rates, R&D Investment and the Distortionary Effects of R&D Incentives. *European Economic Review*, Vol. 111, January. 2019, pp. 191 - 210.

[152] Veiko Lember, et al., Urban Competitiveness and Public Procurement for Innovation. *Urban Studies*, Vol. 48, No. 7, May 2011, pp. 1373 - 1395.

[153] Xulia González and Consuelo Pazó, Do Public Subsidies Stimulate Private R&D Spending? *Research Policy*, Vol. 37, No. 3,

April. 2008, pp. 371 –389.

[154] Yingyi Qian and Chenggang Xu, Innovation and Bureaucracy Under Soft and Hard Budget Constraints. *Review of Economic Studies*, Vol. 65, No. 1, January. 1998, pp. 151 –164.

[155] Yohei Kobayashi, Effect of R&D Tax Credits for SMEs in Japan: A Microeconometric Analysis Focused on Liquidity Constraints. *Small Business Economics*, Vol. 42, No. 2, February. 2014, pp. 311 –327.

[156] Yun Jeong Choi and Jinook Jeong, Testing for the Ratchet Effect in the R&D Tax Credit. *International Economic Journal*, Vol. 29, No. 2, April. 2015, pp. 327 –342.

[157] Zhao Chen, et al., Notching R&D Investment with Corporate Income Tax Cuts in China. *American Economic Review*, Vol. 111, No. 7, July 2021, pp. 2065 –2100.

二、中文部分

[1] 艾冰："政府采购促进自主创新的关系及效果研究"，中南大学，2009 年。

[2] 艾冰："欧美国家政府采购促进自主创新的经验与启示"，《宏观经济研究》，2012 年第 1 期。

[3] 安同良、千慧雄："中国企业 R&D 补贴策略：补贴阈限、最优规模与模式选择"，《经济研究》，2021 年第 1 期。

[4] 安同良、魏婕、舒欣："中国制造业企业创新测度——基于微观创新调查的跨期比较"，《中国社会科学》，2020 年第 3 期。

[5] 安同良、周绍东、皮建才："R&D 补贴对中国企业自主创新的激励效应"，《经济研究》，2009 年第 10 期。

[6] 安维复："从国家创新体系看现代科学技术革命"，《中

国社会科学》，2000 年第 5 期。

［7］白旭云、王砚羽、苏欣：“研发补贴还是税收激励——政府干预对企业创新绩效和创新质量的影响”，《科研管理》，2019 年第 6 期。

［8］毕晓方、翟淑萍、姜宝强：“政府补贴、财务冗余对高新技术企业双元创新的影响”，《会计研究》，2017 年第 1 期。

［9］曹润林：“我国政府采购的自主技术创新政策功能效应研究”，《经济研究参考》，2016 年第 41 期。

［10］曹越、赵书博、王琼琼：“专利盒制度对企业创新的激励效应研究”，《财政研究》，2019 年第 4 期。

［11］陈红、张玉、刘东霞：“政府补助、税收优惠与企业创新绩效——不同生命周期阶段的实证研究”，《南开管理评论》，2019 年第 3 期。

［12］陈劲、梁靓、吴航：“开放式创新背景下产业集聚与创新绩效关系研究——以中国高技术产业为例”，《科学学研究》，2013 年第 4 期。

［13］陈劲、王飞绒：《创新政策：多国比较和发展框架》，浙江大学出版社 2005 年版。

［14］陈林、朱卫平：“出口退税和创新补贴政策效应研究”，《经济研究》，2008 年第 11 期。

［15］陈强、陈玉洁：“德国支持高成长性创新型企业发展的政策措施及启示”，《德国研究》，2019 年第 1 期。

［16］陈强、王浩、敦帅：“德国创新集群策动中政府分工与合作关系研究及启示”，《德国研究》，2020 年第 2 期。

［17］陈强远、林思彤、张醒：“中国技术创新激励政策：激励了数量还是质量”，《中国工业经济》，2020 年第 4 期。

［18］陈清泰：“由政策驱动向市场—政策双驱动转型”，《科技导报》，2016 年第 6 期。

[19] 陈彦斌、刘哲希："中国企业创新能力不足的核心原因与解决思路"，《学习与探索》，2017 年第 10 期。

[20] 陈远燕、何明俊、张鑫媛："财政补贴、税收优惠与企业创新产出结构——来自中国高新技术上市公司的证据"，《税务研究》，2018 第 12 期。

[21] 陈远燕："财政补贴、税收优惠与企业研发投入——基于非上市公司 20 万户企业的实证分析"，《税务研究》，2016 第 10 期。

[22] 陈志刚、吴丽萍："政府采购、信贷约束与企业技术创新"，《科技管理研究》，2021 年第 6 期。

[23] 陈云松："逻辑、想象和诠释：工具变量在社会科学因果推断中的应用"，《社会学研究》，2012 年第 6 期。

[24] 程瑶、潘旭文："专利税收优惠设计的国际比较与借鉴"，《财政研究》，2018 年第 2 期。

[25] 储德银、纪凡、杨珊："财政补贴、税收优惠与战略性新兴产业专利产出"，《税务研究》，2017 年第 4 期。

[26] 储德银、刘文龙："政府创新补贴、企业文化与创新绩效"，《经济管理》，2021 年第 2 期。

[27] 邓练兵："中国创新政策变迁的历史逻辑"，华中科技大学，2013 年。

[28] 邓翔、李双强、李德山："政府采购、融资约束与企业创新科技进步与对策"，《科技进步与对策》，2018 年第 12 期。

[29] 董志强、魏下海、汤灿晴："制度软环境与经济发展——基于 30 个大城市营商环境的经验研究"，《管理世界》，2012 年第 4 期。

[30] 樊春良："美国技术政策的演变"，《中国科学院刊》，2020 年第 8 期。

[31] 范子英、王倩："财政补贴的低效率之谜：税收超收

的视角”，《中国工业经济》，2019年第12期。

［32］冯根福、郑明波、温军、张存炳：“究竟哪些因素决定了中国企业的技术创新——基于九大中文经济学权威期刊和A股上市公司数据的再实证”，《中国工业经济》，2021年第1期。

［33］冯杰：“深化“放管服”改革优化税收营商环境”，《中国行政管理》，2018年第10期。

［34］封伟毅、杨硕：“高技术产业集聚度测度与比较研究——基于中国2007～2017年数据的实证分析”，《工业技术经济》，2020年第6期。

［35］冯泽、陈凯华、戴小勇：“研发费用加计扣除是否提升了企业创新能力？——创新链全视角”，《科研管理》，2019年第10期。

［36］付伯颖：“中小企业创新激励税收优惠政策的国际比较与借鉴”，《国际税收》，2017年第2期。

［37］付文林、赵永辉：“税收激励、现金流与企业投资结构偏向”，《经济研究》，2014年第5期。

［38］［日］傅高义：《日本第一》，丹柳、张柯、谷英译，上海译文出版社2016年版。

［39］傅宇、崔维军、韩硕：“合作研发与企业创新绩效——基于世界银行中国企业调查数据的实证分析”，《科学学与科学技术管理》，2018年第1期。

［40］葛玉御：“税收“放管服”改善营商环境的路径研究”，《税务研究》，2017年第11期。

［41］耿强、江飞涛、傅坦：“政策性补贴、产能过剩与中国的经济波动——引入产能利用率RBC模型的实证检验”，《中国工业经济》，2011年第5期。

［42］龚勤、倪玲连、严晨安、宦静：“科技创新促进转型升级的国外经验借鉴”，《科技通报》，2016年第1期。

[43] 辜胜阻："'双创'是供给侧结构性改革的重大引擎"，《中国人大》，2017 年第 7 期。

[44] 顾夏铭、陈勇民、潘士远："经济政策不确定性与创新——基于我国上市公司的实证分析"，《经济研究》，2018 年第 2 期。

[45] 管永昊、杨奕、张创："促进企业创新的税收优惠政策研究"，《青海社会科学》，2016 年第 6 期。

[46] 桂黄宝："政府采购促进技术创新政策效果空间计量评估"，《科研管理》，2017 年第 9 期。

[47] 郭雯、程郁、任中保："国外政府采购激励创新的政策研究及启示"，《中国科技论坛》，2011 年第 9 期。

[48] 郭玥："政府创新补助的信号传递机制与企业创新"，《中国工业经济》，2018 年第 9 期。

[49] 韩峰、李玉双："产业集聚、公共服务供给与城市规模扩张"，《经济研究》，2019 年第 11 期。

[50] 韩凤芹、陈亚平："选择性税收激励、迎合式研发投入与研发绩效"，《科学学研究》，2020 年第 9 期。

[51] 何代欣："对税收服务"放管服"与改善营商环境的思考"，《税务研究》，2018 年第 4 期。

[52] 贺俊："产业政策批判之再批判与"设计得当"的产业政策"，《学习与探索》，2017 年第 1 期。

[53] 贺娜、李香菊："税基还是税率？不同税收激励与企业研发创新"，《科研管理》，2021 年第 1 期。

[54] 洪银兴："论创新驱动经济发展战略"，《经济学家》，2013 年第 1 期。

[55] 洪银兴："创新是新时代现代化的第一动力"，《经济理论与经济管理》，2018 年第 1 期。

[56] 胡春阳、余泳泽："政府补助与企业全要素生产率——

对U型效应的理论解释及实证分析”，《财政研究》，2019年第6期。

[57] 胡凯、蔡红英、吴清：“中国的政府采购促进了技术创新吗？”，《财经研究》，2013年第9期。

[58] 胡凯、吴清：“税收激励、制度环境与企业研发支出”，《财贸经济》，2018年第1期。

[59] 胡艺：《创新：美国经济增长与贸易竞争力的源泉》，武汉大学出版社2009年版。

[60] 胡兆廉、聂长飞、石大千：“鱼和熊掌可否得兼？——创新型城市试点政策对城市产业集聚的影响”，《产业经济研究》，2021年第1期。

[61] 姜爱华、朱晗：“政府采购对扶持不发达地区经济发展的影响研究——基于省级面板数据的实证分析”，《财政研究》，2018年第6期。

[62] 姜爱华：“政府采购“物有所值”制度目标的含义及实现——基于理论与实践的考察”，《财政研究》，2014年第8期。

[63] 姜爱华：“政府绿色采购制度的国际比较与借鉴”，《财贸经济》，2007年第4期。

[64] 姜爱华：“中国政府采购制度改革：成就、挑战与对策”，《地方财政研究》，2018年第4期。

[65] 江飞涛、李晓萍：“产业政策中的市场与政府——从林毅夫与张维迎产业政策之争说起”，《财经问题研究》，2018年第1期。

[66] 江飞涛、李晓萍：“直接干预市场与限制竞争：中国产业政策的取向与根本缺陷”，《中国工业经济》，2010年第9期。

[67] 江静：“公共政策对企业创新支持的绩效——基于直接补贴与税收优惠的比较分析”，《科研管理》，2011年第4期。

[68] 蒋金法、周材华：“促进我国生态文明建设的税收政

策”，《税务研究》，2016 年第 7 期。

［69］江永清：“创新券：发达国家购买服务支持创新创业的重要举措”，《中国行政管理》，2017 年第 12 期。

［70］金相郁、张换兆、林娴岚：“美国创新战略变化的三个阶段及对中国的启示”，《中国科技论坛》，2012 年第 3 期。

［71］鞠铭：“研发税收优惠政策的国际比较与借鉴”，《国际税收》，2017 年第 6 期。

［72］康志勇：“政府补贴促进了企业专利质量提升吗?”，《科学学研究》，2018 年第 1 期。

［73］［英］克里斯托夫·弗里曼：《技术政策与经济绩效：日本国家创新系统的经验》，张宇轩译，东南大学出版社 2008 年版。

［74］寇明婷、魏建武、马伟楠：“国家研发财税政策是否促进了企业的 R&D 活动”，《科学学研究》，2019 年第 8 期。

［75］匡小平、肖建华：“我国自主创新能力培育的税收优惠政策整合——高新技术企业税收优惠分析”，《当代财经》，2008 年第 1 期。

［76］黎文靖、郑曼妮：“实质性创新还是策略性创新？——宏观产业政策对微观企业创新的影响”，《经济研究》，2016 年第 4 期。

［77］李冬琴：“政府采购对创新的促进：争议问题综述”，《中国科技论坛》，2018 年第 2 期。

［78］李恩极、李群：“地方政府创新竞争与企业创新”，《当代财经》，2021 年第 4 期。

［79］李方旺：“发挥政府采购对战略性新兴产业发展的扶持作用”，《财政研究》，2015 年第 12 期。

［80］李昊洋、程小可、高升好：“税收激励影响企业研发投入吗？——基于固定资产加速折旧政策的检验”，《科学学研

究》，2017年第11期。

[81] 李建军、张书瑶："税收负担、财政补贴与企业杠杆率"，《财政研究》，2018年第5期。

[82] 李建军、朱春奎："促进自主创新的政府采购政策"，《中国科技论坛》，2015年第2期。

[83] 李少民："发挥税收政策杠杆效用 支持产业集聚区发展"，《经济研究参考》，2013年第71期。

[84] 李拓晨、梁蕾、李韫畅："高技术产业专业集聚、人力资本错配与创新绩效——以医药制造业为例"，《科研管理》，2021年第4期。

[85] 李万、常静、王敏杰、朱学彦、金爱民："创新3.0与创新生态系统"，《科学学研究》，2014年第12期。

[86] 李万福、杜静、张怀："创新补助究竟有没有激励企业创新自主投资——来自中国上市公司的新证据"，《金融研究》，2017年第10期。

[87] 李万福、林斌、杜静："中国税收优惠政策的激励效应研究"，《管理世界》，2013年第6期。

[88] 李维安、李浩波、李慧聪："创新激励还是税盾？——高新技术企业税收优惠研究"，《科研管理》，2016年第11期。

[89] 李文："创新税收激励的国际比较与借鉴"，《税务研究》，2007年第4期。

[90] 李香菊、贺娜："激励企业研发创新的税制研究：国际经验借鉴"，《中国科技论坛》，2019年第4期。

[91] 李香菊、杨欢："财税激励政策、外部环境与企业研发投入——基于中国战略性新兴产业A股上市公司的实证研究"，《当代财经》，2019年第3期。

[92] 李晓萍、李平、江飞涛："创新驱动战略中市场作用

与政府作为——德国经验及其对我国的启示产经评论"，《产经评论》，2015 年第 6 期。

［93］李晓钟、徐怡："政府补贴对企业创新绩效作用效应与门槛效应研究——基于电子信息产业沪深两市上市公司数据"，《中国软科学》，2019 年第 5 期。

［94］李燕、朱春奎："美国联邦政府技术采购政策的范式变迁"，《科学学研究》，2016 年第 10 期。

［95］李燕、朱春奎："政府采购对技术创新的影响效应"，《中国科技论坛》，2016 年第 9 期。

［96］［美］理查德·纳尔逊：《国家（地区）创新体系比较分析》，曾国屏译，知识产权出版社 2011 年版。

［97］梁永福、张立婷："企业创新的产业逻辑：集聚与竞争"，《科技管理研究》，2021 年第 14 期。

［98］廖家勤、毛忠滢："激励企业技术创新的税收政策研究科技管理研究"，《科技管理研究》，2017 年第 16 期。

［99］林敏："中小企业技术创新的国际镜鉴"，《改革》，2017 年第 5 期。

［100］林志帆、刘诗源："税收负担与企业研发创新——来自世界银行中国企业调查数据的经验证据"，《财政研究》，2017 年第 2 期。

［101］刘春济、高静："'扶优'还是'帮困'？——研发补助对创新的激励效应研究"，《经济管理》，2019 年第 6 期。

［102］刘放、杨筝、杨曦："制度环境、税收激励与企业创新投入"，《管理评论》，2016 年第 2 期。

［103］刘凤朝、赵雪键、马荣康："政府采购促进了企业 R&D 投入吗？——基于中小企业上市公司的实证分析"，《科学学与科学技术管理》，2017 年第 7 期。

［104］刘建、苏毓敏、万梅："税收政策激励创新的国际比

较与借鉴”，《国际税收》，2017 年第 12 期。

［105］刘兰剑、张萌、黄天航：“政府补贴、税收优惠对专利质量的影响及其门槛效应——基于新能源汽车产业上市公司的实证分析”，《科研管理》，2021 年第 6 期。

［106］刘乐淋、杨毅柏：“宏观税负、研发补贴与创新驱动的长期经济增长”，《经济研究》，2021 年第 5 期。

［107］刘强、赵晓洁：“德国国家技术创新系统运行机制”，《德国研究》，2003 年第 4 期。

［108］刘尚希、樊轶侠：“论高质量发展与税收制度的适应性改革”，《税务研究》，2019 年第 5 期。

［109］刘尚希、傅志华、李成威、于雯杰：“构建现代财政补贴体系理论研究”，《财政研究》，2019 年第 9 期。

［110］刘诗源、林志帆、冷志鹏：“税收激励提高企业创新水平了吗？——基于企业生命周期理论的检验”，《经济研究》，2020 年第 6 期。

［111］刘现伟、文丰安：“新时代民营经济高质量发展的难点与策略”，《改革》，2018 年第 9 期。

［112］柳卸林：“从核心竞争优势看多元化经营的利弊”，《中国软科学》，1999 年第 7 期。

［113］刘湘丽：《日本的技术创新机制》，经济管理出版社 2011 年版。

［114］刘云、闫哲、程旖婕、叶选挺：“政府采购促进科技创新的政策作用机制及实证研究——以北京市为例”，《中国软科学》，2017 年第 8 期。

［115］刘政、王乐：“政府采购如何影响中小企业的研发创新？——基于世界银行企业调查的经验分析”，《金融与经济》，2019 年第 7 期。

［116］柳光强：“税收优惠、财政补贴政策的激励效应分

析——基于信息不对称理论视角的实证研究”，《管理世界》，2016 年第 10 期。

[117] 柳卸林、高雨辰、丁雪辰：“寻找创新驱动发展的新理论思维——基于新熊彼特增长理论的思考”，《管理世界》，2017 年第 12 期。

[118] 柳卸林、杨博旭：“多元化还是专业化？产业集聚对区域创新绩效的影响机制研究”，《中国软科学》，2020 年第 9 期。

[119] 龙小宁、林志帆：“中国制造业企业的研发创新：基本事实、常见误区与合适计量方法讨论”，《中国经济问题》，2018 年第 2 期。

[120] 卢现祥、李磊：“企业创新影响因素及其作用机制：述评与展望”，《经济学家》，2021 年第 7 期。

[121] 卢真、李升、谭云：“从优化税务营商环境角度看国税地税征管体制改革”，《税务研究》，2018 年第 8 期。

[122] 陆国庆、王舟、张春宇：“中国战略性新兴产业政府创新补贴的绩效研究”，《经济研究》，2014 年第 7 期。

[123] 栾春娟：“美国高校科技成果转化路径的实证分析与启示”，《中国科学院院刊》，2018 年第 3 期。

[124] 罗秦：“税务营商环境的国际经验比较与借鉴”，《税务研究》，2017 年第 11 期。

[125] 吕承超、商圆月：“高技术产业集聚模式与创新产出的时空效应研究”，《管理科学》，2017 年第 2 期。

[126] 吕铁、王海成：“劳动力市场管制对企业技术创新的影响——基于世界银行中国企业调查数据的分析”，《中国人口科学》，2015 年第 4 期。

[127] 马承君、王建国、杨颖梅、刘杰：“政府采购政策对高新企业创新活动影响的效应分析”，《中国科技论坛》，2018 年

第 7 期。

[128] 马大勇:“我国政府采购对技术创新影响效应的实证分析”,《兰州学刊》,2018 年第 3 期。

[129] [美] 迈克尔·波特:《国家竞争优势》,李明轩、邱如美译,中信出版社 2012 年版。

[130] 倪卫红、董敏、胡汉辉:“对区域性高新技术产业集聚规律的理论分析”,《中国软科学》,2003 年第 11 期。

[131] 聂辉华:“产业政策的有效边界和微观基础”,《学习与探索》,2017 年第 8 期。

[132] 欧文汉:“瑞典、德国支持自主创新的财政政策及对我国的启示”,《中国财政》,2012 年第 18 期。

[133] 欧阳峣、汤凌霄:“大国创新道路的经济学解析”,《经济研究》,2017 年第 9 期。

[134] 彭红星、毛新述:“政府创新补贴、公司高管背景与研发投入——来自我国高科技行业的经验证据”,《财贸经济》,2017 年第 3 期。

[135] 彭红星、王国顺:“中国政府创新补贴的效应测度与分析 数量经济技术”,《经济研究》,2018 年第 1 期。

[136] 彭涛、黄福广、孙凌霞:“税收优惠能否激励风险投资:基于准自然实验的证据”,《管理世界》,2021 年第 1 期。

[137] [美] 乔舒亚·安格里斯特、纽恩·斯特芬.皮施克:《基本无害的计量经济学》,郎金焕、李井奎译,格致出版社、上海三联出版社、上海人民出版社 2012 年版。

[138] 曲婉、冯海红、侯沁江:“创新政策评估方法及应用研究:以高新技术企业税收优惠政策为例”,《科研管理》,2017 年第 1 期。

[139] 任海云、聂景春:“企业异质性、政府补助与 R&D 投资”,《科研管理》,2018 年第 6 期。

[140] [美] 萨缪尔森，德豪斯：《经济学》，萧琛主译，人民邮电出版社 2008 年版。

[141] 尚洪涛、黄晓硕："中国医药制造业企业政府创新补贴绩效研究"，《科研管理》，2019 年第 8 期。

[142] 尚洪涛、黄晓硕："政府补贴、研发投入与创新绩效的动态交互效应"，《科学学研究》，2018 年第 3 期。

[143] 尚洪涛、宋雅希："中国民营企业创新补贴政策效应的动态评价"，《科学学研究》，2020 年第 6 期。

[144] 邵敏、包群："政府补贴与企业生产率——基于我国工业企业的经验分析"，《中国工业经济》，2012 年第 7 期。

[145] 沈肇章、魏朗："影响高新技术企业税收优惠政策实施效果的因素分析——以东莞市为例"，《财贸经济》，2009 年第 5 期。

[146] 施建军、栗晓云："政府补助与企业创新能力：一个新的实证发现"，《经济管理》，2021 年第 3 期。

[147] 施筱勇："创新驱动经济体的三大特征及其政策启示"，《中国软科学》，2015 年第 2 期。

[148] 石绍宾、周根根、秦丽华："税收优惠对我国企业研发投入和产出的激励效应"，《税务研究》，2017 年第 3 期。

[149] 四川省国际税收研究会课题组、罗元义："激励企业研发创新税收政策的国际借鉴研究"，《国际税收》，2018 年第 10 期。

[150] 宋建波、苏子豪、王德宏："政府补助、投融资约束与企业僵尸化"，《财贸经济》，2019 年第 4 期。

[151] 谈毅：《我国创新政策绩效评价研究》，上海交通大学出版社 2013 年版。

[152] 唐红祥、李银昌："税收优惠与企业绩效：营商环境和企业性质的调节效应"，《税务研究》，2020 年第 12 期。

［153］唐清泉、卢珊珊、李懿东："企业成为创新主体与R&D补贴的政府角色定位"，《中国软科学》，2008年第6期。

［154］田倩飞、张志强、任晓亚、张雪："科技强国基础研究投入—产出—政策分析及其启示"，《中国科学院院刊》，2019年第12期。

［155］田颖、田增瑞、韩阳、吴晓隽："国家创新型产业集群建立是否促进区域创新?"，《科学学研究》，2019年第5期。

［156］童锦治、刘诗源、林志帆："财政补贴、生命周期和企业研发创新"，《财政研究》，2018年第4期。

［157］屠新泉、郝刚："政府采购市场自由化的新趋势与我国加入GPA谈判"，《国家行政学院学报》，2012年第5期。

［158］汪冲、江笑云："研发税收激励、企业资格认定与减免可持续性"，《经济研究》，2018年第11期。

［159］王程韡、李振国："我们是否需要一种'需求侧创新政策'——来自'先进'国家的经验科学学研究"，《科学学研究》，2016年第12期。

［160］王春法：《主要发达国家国家创新体系的历史演变与发展趋势》，经济科学出版社2003年版。

［161］王春元："税收优惠刺激了企业R&D投资吗?"，《科学学研究》，2017年第2期。

［162］王春元、叶伟巍："税收优惠与企业自主创新：融资约束的视角"，《科研管理》，2018年第3期。

［163］王丛虎："论我国政府采购促进自主创新"，《科学学研究》，2006年第6期。

［164］王丛虎："浅析政府采购质疑投诉的性质定位及制度设计"，《中国财政》，2017年第17期。

［165］王丛虎："政府购买公共服务的底线及分析框架的构建"，《国家行政学院学报》，2015年第1期。

［166］王刚刚、谢富纪、贾友："R&D 补贴政策激励机制的重新审视——基于外部融资激励机制的考察"，《中国工业经济》，2017 年第 2 期。

［167］王桂军、张辉："促进企业创新的产业政策选择：政策工具组合视角"，《经济学动态》，2020 年第 10 期。

［168］王红建、李青原、邢斐："金融危机、政府补贴与盈余操纵——来自中国上市公司的经验证据"，《管理世界》，2014 年第 7 期。

［169］王坤："国外新能源汽车财税政策研究及启示"，《现代管理科学》，2015 年第 10 期。

［170］王立国、鞠蕾："光伏产业产能过剩根源与对策找寻"，《改革》，2015 年第 5 期。

［171］王乔、黄瑶妮："减税降费：助力中国经济高质量发展"，《税务研究》，2019 年第 10 期。

［172］王乔、黄瑶妮、张东升："支持科技成果转化的财税政策研究"，《当代财经》，2019 年第 7 期。

［173］王乔、徐佳佳："财政补贴"花落谁家"——基于 A 股制造业上市公司的实证研究"，《财政科学》，2020 年第 11 期。

［174］王铁山、冯宗宪："政府采购对产品自主创新的激励机制研究"，《科学学与科学技术管理》，2008 年第 8 期。

［175］王文翌、安同良："产业集聚、创新与知识溢出——基于中国制造业上市公司的实证"，《产业经济研究》，2014 年第 4 期。

［176］王玺、刘萌："研发费用加计扣除政策对企业绩效的影响研究——基于我国上市公司的实证分析"，《财政研究》，2020 年第 11 期。

［177］王小平："政府采购能够促进企业技术创新吗？——来自国家高新产业园的实证检验"，《现代财经（天津财经大学

学报)》，2019 年第 8 期。

［178］王晓洁、郭宁、李昭逸：“优化税务营商环境的‘加减乘除法’”，《税务研究》，2017 年第 11 期。

［179］王雄飞、李香菊、杨欢：“中国经济高质量发展下财政模式创新与政策选择”，《当代财经》，2018 年第 11 期。

［180］王旭、王非：“无米下锅抑或激励不足？政府补贴、企业绿色创新与高管激励策略选择”，《科研管理》，2019 年第 7 期。

［181］王延明：“上市公司实际所得税率影响因素分析”，《经济管理》，2003 年第 20 期。

［182］王延明：“上市公司所得税负担研究——来自规模、地区和行业的经验证据”，《管理世界》，2003 年第 1 期。

［183］王延明：“上市公司所得税率变化的敏感性分析”，《经济研究》，2002 年第 9 期。

［184］王永进、冯笑：“行政审批制度改革与企业创新”，《中国工业经济》，2018 年第 2 期。

［185］王永培、晏维龙：“产业集聚的避税效应——来自中国制造业企业的经验证据”，《中国工业经济》，2014 年第 12 期。

［186］王昀、孙晓华：“政府补贴驱动工业转型升级的作用机理”，《中国工业经济》，2017 年第 10 期。

［187］王志荣：“国际视角下优化我国税收营商环境的路径选择”，《税务研究》，2019 年第 6 期。

［188］王志荣：“新公共管理视角下的税务营商环境优化——从世界银行评价指标体系谈起”，《税务研究》，2018 年第 9 期。

［189］魏江、寒午：“企业技术创新能力的界定及其与核心能力的关联”，《科研管理》，1998 年第 6 期。

［190］卫舒羽、肖鹏：“税收优惠、财政补贴与企业研发投入——基于沪深 A 股上市公司的实证分析”，《税务研究》，2021

年第 5 期。

[191] 魏下海、董志强、张永璟:“营商制度环境为何如此重要?——来自民营企业家“内治外攘”的经验证据”,《经济科学》, 2015 年第 2 期。

[192] 吴伟伟、张天一:“非研发补贴与研发补贴对新创企业创新产出的非对称影响研究”,《管理世界》, 2021 年第 3 期。

[193] 吴文锋、吴冲锋、芮萌:“中国上市公司高管的政府背景与税收优惠”,《管理世界》, 2009 年第 3 期。

[194] 吴延兵:“企业规模、市场力量与创新:一个文献综述”,《经济研究》, 2007 年第 5 期。

[195] 吴延兵、米增渝:“创新、模仿与企业效率——来自制造业非国有企业的经验证据”,《中国社会科学》, 2011 年第 4 期。

[196] 伍红、郑家兴、王乔:“固定资产加速折旧、厂商特征与企业创新投入——基于高端制造业 A 股上市公司的实证研究”,《税务研究》, 2019 年第 11 期。

[197] 伍健、田志龙、龙晓枫、熊琪:“战略性新兴产业中政府补贴对企业创新的影响”,《科学学研究》, 2018 年第 1 期。

[198] 武威、刘玉廷:“政府采购与企业创新:保护效应和溢出效应”,《财经研究》, 2020 年第 5 期。

[199] 席鹭军:“创新型国家自主创新财税政策经验及对我国的启示”,《求实》, 2010 年第 4 期。

[200] 夏后学、谭清美、白俊红:“营商环境、企业寻租与市场创新——来自中国企业营商环境调查的经验证据”,《经济研究》, 2019 年第 4 期。

[201] 夏清华、黄剑:“市场竞争、政府资源配置方式与企业创新投入——中国高新技术企业的证据”,《经济管理》, 2019 年第 8 期。

［202］肖建华、谢璐华："政府采购、市场竞争与省域创新能力"，《财经理论与实践》，2020 年第 5 期。

［203］谢露露："产业集聚和创新激励提升了区域创新效率吗——来自长三角城市群的经验研究"，《经济学家》，2019 年第 8 期。

［204］谢子远、吴丽娟："产业集聚水平与中国工业企业创新效率——基于 20 个工业行业 2000～2012 年面板数据的实证研究"，《科研管理》，2017 年第 1 期。

［205］邢瑞淼、闫文军、张亚峰："中国专利政策的演进研究"，《科学学研究》，2021 年第 2 期。

［206］［奥］熊彼特：《经济发展理论》，何畏、易家详等译，商务印书馆 2014 年版。

［207］徐建斌："财税政策激励企业技术创新的国外研究进展"，《税收经济研究》，2019 年第 5 期。

［208］徐建斌、李春根："政府采购促进企业技术创新了吗——基于分行业的比较分析"，《当代财经》，2020 年第 9 期。

［209］徐建斌、朱芸："税收营商环境对企业技术创新的影响"，《税务研究》，2020 年第 2 期。

［210］徐硼、罗帆："政策工具视角下的中国科技创新政策"，《科学学研究》，2020 年第 5 期。

［211］徐舟："政府采购扶持高新产业 促进技术创新理论的分析"，《中国政府采购》，2004 年第 12 期。

［212］许和连、王海成："简政放权改革会改善企业出口绩效吗？——基于出口退（免）税审批权下放的准自然试验"，《经济研究》，2018 年第 3 期。

［213］许玲玲、杨筝、刘放："高新技术企业认定、税收优惠与企业技术创新——市场化水平的调节作用"，《管理评论》，2021 年第 2 期。

[214] 许文："构建有竞争力的企业科技创新税收政策体系"，《国际税收》，2018 年第 10 期。

[215] 薛薇："发达国家支持企业创新税收政策的特点及启示"，《经济纵横》，2015 年第 5 期。

[216] 杨超、黄群慧、贺俊："中低技术产业集聚外部性、创新与企业绩效"，《科研管理》，2020 年第 8 期。

[217] 杨得前、刘仁济："中国高技术产业研发补贴的时空分异研究"，《科学学研究》，2018 年第 3 期。

[218] 杨得前、刘仁济："税式支出、财政补贴的转型升级激励效应——来自大中型工业企业的经验证据"，《税务研究》，2017 年第 7 期。

[219] 杨国超、刘静、廉鹏、芮萌："减税激励、研发操纵与研发绩效"，《经济研究》，2017 年第 8 期。

[220] 杨国超、芮萌："高新技术企业税收减免政策的激励效应与迎合效应"，《经济研究》，2020 年第 9 期。

[221] 杨浩昌、李廉水："政府支持与中国高技术产业研发效率"，《科学学研究》，2019 年第 1 期。

[222] 杨丽："政府采购促进中小企业发展的对策研究"，《科学学与科学技术管理》，2012 年第 2 期。

[223] 杨梅英、刘旭、蒋占华、冯曦："企业研发费用税收优惠政策的国际比较与借鉴"，《科技管理研究》，2014 年第 19 期。

[224] 杨亭亭、罗连化、许伯桐："政府补贴的技术创新效应：'量变'还是'质变'?"，《中国软科学》，2018 年第 10 期。

[225] 杨其静："企业成长：政治关联还是能力建设?"，《经济研究》，2011 年第 10 期。

[226] 杨杨、曹玲燕、杜剑："企业所得税优惠政策对技术创新研发支出的影响——基于我国创业板上市公司数据的实证分

析”，《税务研究》，2013 年第 3 期。

[227] 杨洋、魏江、罗来军：“谁在利用政府补贴进行创新？——所有制和要素市场扭曲的联合调节效应”，《管理世界》，2015 年第 1 期。

[228] 杨耀武、张平：“中国经济高质量发展的逻辑、测度与治理”，《经济研究》，2021 年第 1 期。

[229] 杨芷晴、张帆、张友斗：“竞争性领域政府补助如何影响企业创新”，《财贸经济》，2019 年第 9 期。

[230] 杨志勇、文丰安：“优化营商环境的价值、难点与策略”，《改革》，2018 年第 10 期。

[231] 姚东旻、朱泳奕：“指引促进还是“锦上添花”？——我国财政补贴对企业创新投入的因果关系的再检验”，《管理评论》，2019 年第 6 期。

[232] 姚丽：“从程序效率到实质赋能 持续优化我国税收营商环境——兼论《2019 年世界纳税报告》”，《国际税收》，2019 年第 6 期。

[233] 姚维保、张翼飞：“研发税收优惠必然提升企业绩效吗？——基于上市医药企业面板数据的实证研究”，《税务研究》，2020 年第 7 期。

[234] 叶宁华、张伯伟：“政府补贴和企业出口动态：营商环境的重要性”，《南开学报（哲学社会科学版）》，2018 年第 3 期。

[235] 叶伟巍、郑锦宜：“激发高技术企业自主创新的政府采购制度研究”，《科学学研究》，2007 年第 S1 期。

[236] 叶祥松、刘敬：“政府支持与市场化程度对制造业科技进步的影响”，《经济研究》，2020 年第 5 期。

[237] 叶祥松、刘敬：“异质性研发、政府支持与中国科技创新困境”，《经济研究》，2018 年第 9 期。

[238] 于海峰、谭楚玲："欧盟与中国支持中小企业技术创新财税政策的比较研究"，《税务研究》，2009 年第 11 期。

[239] 余明桂、范蕊、钟慧洁："中国产业政策与企业技术创新"，《中国工业经济》，2016 年第 12 期。

[240] 余明桂、回雅甫、潘红波："政治联系、寻租与地方政府财政补贴有效性"，《经济研究》，2010 年第 3 期。

[241] 于文超、殷华、梁平汉："税收征管、财政压力与企业融资约束"，《中国工业经济》，2018 年第 1 期。

[242] 余宜珂、郭靖、张再杰、杨昀、周剑秋："激励企业研发的税收优惠政策的国际经验对比及评析"，《税务研究》，2020 年第 7 期。

[243] 郁建兴、王茵："光伏产业财政补贴政策的作用机制——基于两家光伏企业的案例研究"，《经济社会体制比较》，2017 年第 4 期。

[244] 袁海红、张华、曾洪勇："产业集聚的测度及其动态变化——基于北京企业微观数据的研究"，《中国工业经济》，2014 年第 9 期。

[245] 袁建国、范文林、程晨："税收优惠与企业技术创新——基于中国上市公司的实证研究"，《税务研究》，2016 年第 10 期。

[246] 袁建国、后青松、程晨："企业政治资源的诅咒效应——基于政治关联与企业技术创新的考察"，《管理世界》，2015 年第 1 期。

[247] 原毅军、谢荣辉："产业集聚、技术创新与环境污染的内在联系"，《科学学研究》，2015 年第 9 期。

[248] 曾国屏、苟尤钊、刘磊："从'创新系统'到'创新生态系统'"，《科学学研究》，2013 年第 1 期。

[249] 曾萍、邬绮虹："政府支持与企业创新：研究述评与

未来展望”，《研究与发展管理》，2014年第2期。

［250］曾萍、刘洋、吴小节：“政府支持对企业技术创新的影响——基于资源基础观与制度基础观的整合视角”，《经济管理》，2016年第2期。

［251］展进涛、邵兴娟、徐萌：“政府补贴对农业企业R&D投资行为的影响研究”，《科研管理》，2019年第4期。

［252］张国钧：“优化税收营商环境的调查与思考”，《税务研究》，2018年第11期。

［253］张季风：《日本经济结构转型：经验、教训与启示》，中国社会科学出版社2016年版。

［254］张佳睿：“美国风险投资与技术进步、新兴产业发展的关系研究”，吉林大学博士学位论文，2014年。

［255］张杰：“政府创新补贴对中国企业创新的激励效应——基于U型关系的一个解释”，《经济学动态》，2020年第6期。

［256］张杰、陈志远、杨连星、新夫：“中国创新补贴政策的绩效评估：理论与证据”，《经济研究》，2015年第10期。

［257］张杰、宣璐：“中国的产业政策：站在何处？走向何方？”《探索与争鸣》，2016年第11期。

［258］张景华、刘畅：“全球化视角下中国企业纳税营商环境的优化”，《经济学家》，2018年第2期。

［259］张景华、刘畅：“税务营商环境评价体系的构建路径”，《税务研究》，2018年第10期。

［260］张俊瑞、陈怡欣、汪方军：“所得税优惠政策对企业创新效率影响评价研究”，《科研管理》，2016年第3期。

［261］张可、徐朝晖：“产业集聚与区域创新的交互影响——基于高技术产业的实证”，《财经科学》，2019年第1期。

［262］张克中、何凡、黄永颖、崔小勇：“税收优惠、租金分享与公司内部收入不平等”，《经济研究》，2021年第6期。

[263] 张美莎、徐浩、冯涛："营商环境、关系型借贷与中小企业技术创新"，《山西财经大学学报》，2019 年第 2 期。

[264] 张同斌、高铁梅："财税政策激励、高新技术产业发展与产业结构调整"，《经济研究》，2012 年第 5 期。

[265] 张兴亮、程琦炜："表里相济：财政补贴与股权激励在促进企业创新中的协同效应"，《财政研究》，2020 年第 8 期。

[266] 赵筱媛、苏竣："基于政策工具的公共科技政策分析框架研究"，《科学学研究》，2007 年第 1 期。

[267] 赵勇："北京市政府采购扶持中小企业政策研究"，《经济研究参考》，2014 年第 35 期。

[268] 赵西亮：《基本有用的计量经济学》，北京大学出版社 2017 年版。

[269] 郑冠群、徐妍、安磊："制造业产业集聚与企业创新——基于市场份额视角的 Porter 外部性检验"，《南开经济研究》，2021 年第 3 期。

[270] 郑开如："税务部门深化'放管服'营商环境更添'获得感'——税务部门'放管服'改革与税务营商环境建设的若干思考"，《税务研究》，2018 年第 4 期。

[271] 周建军："美国产业政策的政治经济学：从产业技术政策到产业组织政策"，《经济社会体制比较》，2017 年第 1 期。

[272] 周黎安："中国地方官员的晋升锦标赛模式研究"，《经济研究》，2007 年第 7 期。

[273] 周黎安："'官场 + 市场'与中国增长故事"，《社会》，2018 年第 2 期。

[274] 周明、李宗植："中国省际高技术产业技术创新能力分析——基于产业集聚的视角"，《科学学研究》，2008 年第 S2 期。

[275] 周炜、宗佳妮、蔺楠："企业创新需求与政府创新补

贴的激励效果”，《财政研究》，2021年第6期。

［276］周亚虹、蒲余路、陈诗一、方芳：“政府扶持与新型产业发展——以新能源为例”，《经济研究》，2015年第6期。

［277］朱春奎、李燕：“创新促进型政府采购理论述评”，《公共行政评论》，2014年第4期。

［278］［美］朱迪·埃斯特琳：《美国创新在衰退?》，闾佳译，机械工业出版社2010年版。

［279］庄佳林：“支持我国中小企业发展的财政政策研究”，财政部财政科学研究所博士学位论文，2011年。

致　谢

在本书的写作过程中，我们得到了诸多领导、同事与亲朋好友的帮助与关心，要感谢的人太多太多，请原谅我们无法一一列出他们的名字。

我们首先要感谢江西财经大学的王乔教授。王教授虽然长期担任学校主要领导，但待人十分温和、谦逊。在书稿撰写的整个过程中，王教授都给予了中肯的建议与无私的帮助。王教授严以律己、以身作则、平等合作、乐观自信、担当有为的优良品格令人印象深刻，也让我们受益良多。在此，特别感谢王乔教授。

我们也要感谢江西财经大学的姚林香教授。姚教授在学术上严谨细致，在工作中认真负责，一直是我们学习的楷模。姚教授是我们十分敬佩的长辈，她一直在思想上引领我们，从行动上示范我们。在此，特别感谢姚林香教授。

同样的感谢还要送给江西财经大学财税与公共管理学院与江西财经大学现代经济管理学院的领导与同事们。感谢江西财经大学的李春根副校长、陈荣教授、张仲芳院长、段远鸿书记、熊小刚副院长、汪柱旺副院长、伍云峰副院长、卢建华副书记、肖建华教授、伍红教授、万莹教授、朱门添教授、黄桂香教授、邱慈孙副教授、黄思明博士、王雯博士、陈太义博士、胡芳博士、王丽娟副教授、戴丽华副教授、李胜副教授、吴军民教授、何植民教授、周全林教授、赖志杰副教授、管考磊副教授、刘辉博士、方群博士、聂淼博士、纪江老师、吴宗福老师、方晔老师。感谢江西财经大学现代经济管理学院的丁美东副院长、陆宇海副院长、万小影主任、鲁丽红书记、何文静副主任、刘凯副主任、李泽宇老师、李三妹老师等。感谢他们一直以来对我们的科研、教学与行政工作的鼎力支持与热情帮助。

非常感谢蒋金法院长、李春根副校长、匡小平教授、席卫群教授、杨得前教授在研究过程中给予的建设性意见。没有他们的中肯意见与毫无保留的指导，我们的书稿撰写可能需要更长时间。

此外，本书的创作与研究获得了国家社科基金重大项目“国家创新驱动发展战略的财税支持政策研究”（编号：16ZDA028）、国家自然科学基金项目“鄱阳湖国家自主创新示范区协同创新机理、网络构建与政策优化研究”（编号：72064017）与“地方政府财政压力与企业创新：影响因素、传导机制与应对策略”（编号：72162021）、江西省社会科学基金一般项目“支持企业开展关键核心技术攻关的财税政策研究”（编号：20YJ16）、中国博士后科学基金面上项目“财税政策的技术创新绩效研究：作用机理与定量评估”（编号：2018M632592）、江西省博士后科研择优资助项目“高质量发展阶段激励制造业企业技术创新的财税政策优化研究”（编号：2018KY55）等资助，特此感谢！

最后，我们同样要感谢中国财政经济出版社副总编辑高进水先生和他的同事在整个过程中的大力支持与无私帮助。